本课题为北京语言大学校级项目
(中央高校基本科研业务费专项资金资助)(12HQ03)

口译语料库的建设与应用

——理论、方法与实践

Construction and Application of
Interpreting Corpus: Theory, Method
and Practice

● 张威 编著

北京语言大学出版社
BEIJING LANGUAGE AND CULTURE
UNIVERSITY PRESS

图书在版编目 (CIP) 数据

口译语料库的建设与应用：理论、方法与实践 / 张威编著. — 北京：北京语言大学出版社, 2013.12（2014.9 重印）

ISBN 978-7-5619-3719-8

Ⅰ.①口… Ⅱ.①张… Ⅲ.①口译 – 语料库 – 研究 Ⅳ.①H059

中国版本图书馆 CIP 数据核字（2013）第 311900 号

书　　名：	口译语料库的建设与应用——理论、方法与实践	
	KOUYI YULIAOKU DE JIANSHE YU YINGYONG	
	—LILUN, FANGFA YU SHIJIAN	
责任印制：	姜正周	
出版发行：	北京语言大学出版社	
社　　址：	北京市海淀区学院路 15 号　邮政编码：100083	
网　　址：	www.blcup.com	
电　　话：	发行部　010-82303648 / 3591 / 3650	
	编辑部　010-82303700	
	读者服务部　010-82303653	
	网上订购电话　010-82303908	
	客户服务信箱　service@blcup.com	
印　　刷：	大恒数码印刷（北京）有限公司	
经　　销：	全国新华书店	
版　　次：	2013 年 12 月第 1 版　　2014 年 9 月第 2 次印刷	
开　　本：	880 毫米 × 1230 毫米　　1/32　　印张：8.25	
字　　数：	217 千字	
书　　号：	ISBN 978-7-5619-3719-8 /H·13308	
定　　价：	35.00 元	

凡有印装质量问题，本社负责调换。电话：010-82303590

序
FOREWORD

语料库翻译学研究发轫于1993年Mona Baker教授所发表的题为"Corpus Linguistics and Translation Studies: Implications and Applications"的论文,迄今已有二十年历史。数十年来,语料库翻译学研究取得了快速发展,成为独树一帜的翻译学研究范式。然而,语料库翻译学研究仍然局限于以笔译语料为研究对象的研究,语料库口译研究则相对滞后。据不完全统计,目前国内外比较成熟且得到广泛应用的语料库屈指可数,只有十个左右。与笔译语料库相比,口译语料库建设难度相当大。其一,由于机密和隐私等方面的原因,口译语料采集难度大。其二,口译语料的转写耗时耗力,而且口译语料的标注亦比较复杂。尽管如此,国内外学者大胆尝试,努力建设口译语料库,开展语料库口译研究,获得了许多有价值的研究成果(Shlesinger, 1998; Russo *et al.*, 2006; 张威, 2009a, 2009b; 胡开宝、陶庆, 2009, 2010, 2012)。

然而，语料库口译研究尚处于发展的初级阶段，许多理论问题，如口译规范、口译语言特征、基于语料库的口译教学以及口译活动所蕴含的意识形态因素等，亟须学界梳理和分析。而作为语料库口译研究的重要物质前提，口译语料库建设的理论基础、原则及具体步骤尤其值得深入探讨。因此，就上述问题进行系统梳理，一方面全面总结理论层面的探索与争论，客观评价实践层面的标准与程序，另一方面合理认识口译语料库建设的困难与不足，理性判断口译语料库研究的重点与趋势，无疑对口译语料库建设与研究的健康发展具有明显的理论意义与实践价值。

为此，以国内外口译语料库建设与研究的相关成果为基础，通过与相关作者的协商与合作，采取论文材料汇编、外文材料编译、思想与技术原创等复合形式，张威编写了《口译语料库的建设与应用——理论、方法与实践》一书，对语料库口译研究的现实需求做出了强有力的呼应。张威师从北京外国语大学王克非教授，于2009年获评全国优秀博士学位论文。近年来，张威在翻译领域勤于探索，不断拓展研究视野，尤其侧重于口译语料库的建设与研究，《口译语料库的建设与应用——理论、方法与实践》一书的编写正是这种努力的证明。

该书分为四篇，共十五章。

第一篇和第二篇的主题是理论，侧重于分析口译语料库建设与应用的理论基础。首先梳理了语料库口译研究与语料库语言学和语料库翻译学之间的关系，从而厘清了语料库口译研究的学理关系和渊源。随后讨论了语料库口译研究在语料库翻译学研究中的地位与性质，以及语料库口译研究的重要意义。

第三篇以方法与应用为主题，结合国内外口译语料库的建设与应用研究成果的介绍，阐明了口译语料库建设与应用的方法与路径，着重分析了口译语料库的设计与加工，以及口译语料库应用的具体层面，如口译文本中的语篇意义显化和口译文本的词汇特征。

第四篇则以应用为主题，讨论了口译语料库在口译教材编写和口译教学中的具体应用。

综观全书，既有语料库口译研究学理的溯源与历史的回顾，又有口译语料库建设与应用原则与路径的论述。全书不仅详细、深入地分析了口译语料库建设的步骤，尤其是口译语料的转写方法，勾勒了语料库口译研究的原则、方法与路线图，而且强调了口译语料库在口译教学中的具体应用。

应该承认，该书是编者与其他研究人员"集体智慧"的体现，是口译语料库建设与研究的一种集成加工，其中体现了学术成果汇集而泽被后学的初衷。相信该书能够扩大语料库口译研究的影响力与号召力，也将在一定程度上推动国内语料库翻译学的研究。

是为序。

胡开宝
2013 年夏于上海居所

前 言
PREFACE

作为一个相对独立的研究领域,口译研究虽然迄今只有六十余年的历史,但各种研究理念、方法模式或研究思路不断呈现,其纷繁多彩之势,相比历经数百年的翻译研究亦不逊色。特别是在当前语言学、心理学、人类学等领域最新研究成果与工具方法的影响下,口译研究更呈现出"百花齐放"的态势,研究主题不断拓展,研究方法不断创新。这其中,现代语料库语言学对翻译研究的影响已拓展到口译研究领域,基于语料库的研究设计与假设检验正成为口译研究未来发展的一个战略选择。

严格来说,将语料库语言学的基本理念与方法策略引入口译研究,迄今仅有15年的时间。无论是概念或术语的接受与理解程度,还是方法策略的认识与应用程度,无论是口译语料库的建设与加工,还是基于语料库的口译研究,语料库口译研究在国内外可以说才刚刚起步,处于真正意义上的"初级阶段"。口译语料的收集程序、口译语料的加工标注与层次、语料库口译研究的方法设计、语料库口译研究的核心议题等诸多内容，目前均有待深入讨论。口译语料库的建设与完善依然是首要任务，基于语料库的口译研究仍然处于基础数据累积阶段，个案性质明显，远未形成规模效应，难以对口译语言特征、口译操纵规律等问题形成较有代表性的认识或结论。

虽然存在上述种种困难，语料库口译研究已经得到国内外越来越多学者的关注与支持，形成了较稳定的研究队伍，以合作项目、定期交流等形式搭建了较合理的研究平台。在此前提下，对当前语料库口译研究进行阶段性总结，梳理语料库口译研究的发展历程，明确研究价值取向、方法策略、研究重点等学理范畴，评价当前研究的成就与不足，展望语料库口译研究的未来发展，对促进语料库口译研究的健康发展，对改进语料库用于口译教学与实践的管理与实施，无疑具有明显的理论意义和实用价值。

有鉴于此，本书编写意向得到了国内外学者的积极响应和大力支持。他们或同意使用其已发表作品，或参与具体材料翻译，或提供一手研究材料与数据，或出谋划策，修订编写大纲与体例结构。可以毫不夸张地说，没有他们的鼎力相助，该书编写就是一个 impossible mission（无法完成的任务）。主要参与者及其贡献分列如下，谨表由衷谢忱！

第一，文献使用与编辑授权：

1. 胡开宝、陶庆：《汉英会议口译语料库的创建与应用研究》（《中国翻译》2010 年第 5 期）；

2. 胡开宝、陶庆：《汉英会议口译中语篇意义显化及其动因

研究》(《解放军外国语学院学报》2009 年第 4 期);

3. 李婧、李德超:《基于语料库的口译研究:回顾与展望》(《中国外语》2010 年第 5 期);

4. 王斌华、叶亮:《面向教学的口译语料库建设:理论与实践》(《外语界》2009 年第 2 期);

5. 陶友兰:《基于语料库的翻译专业口译教材建设》(《外语界》2010 年第 4 期);

6. 陈振东、李澜:《基于网络和语料库的口译教学策略探索》(《外语电化教学》2009 第 1 期)。

第二,材料翻译与编辑:

1. 高彬 (译): Corpus-Based Interpreting Studies as an Offshoot of Corpus-Based Translation Studies (作者 Miriam Shlesinger);

2. 詹成 (译): Lexical Patterns in Simultaneous Interpreting: A Preliminary Investigation of EPIC (作者 Annalisa Sandrelli, Claudio Bendazzoli);

3. 王建华 (译): An Approach to Corpus-Based Interpreting Studies: Developing EPIC (European Parliament Interpreting Corpus) (作者 Claudio Bendazzoli, Annalisa Sandrelli);

4. 李向东、刘育红 (译): Studying Directionality in Simultaneous Interpreting Through an Electronic Corpus: EPIC (European Parliament Interpreting Corpus) (作者 Monti 等)。

口译研究可谓"初出茅庐",语料库口译研究更是"乳臭未干",凭着"无知者无畏"的精神,也借着"初生牛犊"的勇气,我们尝试对语料库口译研究进行概括性介绍和全景式扫描,力争厘清语料库口译研究的学科属性、研究规范，系统分析语料库口译研究的方法策略与关键议题，同时客观评价语料库口译研究的缺陷与内在缘由，理性判断语料库口译研究的发展趋势，为保证语料库口译研究的顺利发展，为提高口译研究的社会影响力，奉献我们自己的一份力量。书中各种材料的选择与整理、体例结构的安排，均由编者负责，不当之处，恳请方家赐教斧正。

本书编写得到北京语言大学科研项目资助，北京语言大学出版社外语部编辑于华颖老师付出了辛勤劳动，他们的敬业精神与专业水平保证了该书的顺利完成与出版质量，在此一并表示感谢。

张　威

2013 年 7 月

内容概要
INTRODUCTION

当前，语料库语言学的语料收集方法、数据统计工具、结论阐释模式等一系列理念与方法对现代翻译研究产生了巨大冲击，不仅促进了语料库翻译学的诞生与蓬勃发展，更使得以实证数据为基础、以概率统计为特色的语料库翻译研究成为未来翻译研究的战略方向。相应地，作为一种特殊的翻译活动，口译及其研究也开始进入语料库语言学研究的视野，成为语料库翻译学的一个重要组成部分。

开发建设口译语料库并进行相应的教学与研究探索，不仅可以改善口译研究方法，丰富研究手段，有效提高口译研究质量，保证口译研究的可持续发展，扩大口译研究影响力，而且有利于口译教学模式的改革与完善，提高口译教学与培训效果，增强口译实践能力，同时也能够丰富语料库翻译研究的类型，增加实证数据规模与类别，有力推动语料库翻译研究的整体发展。

同时，鉴于口译语料库建设与研究在国内外刚刚起步，口译语料库的界定与类别、语料收集加工的程序与标准、后续研究的设计与实施、未来发展的战略与方向等诸多问题亟待澄清，而且关于语料库口译研究，目前国内外尚未进行系统而全面的梳理与总结。因此，我们一方面对口译语料库建设与研究进行原创性探索，另一方面充分借鉴国内外相关研究成果，对口译语料库建设与研究的理论基础、方法策略、研究组织等关键议题进行系统分析，旨在：1）厘清语料库口译研究的学理渊源，明确语料库语言学与描写翻译研究对语料库口译研究的理论支撑作用；2）客观评价语料库口译研究的具体实施方法，特别是口译语料的收集与后期加工，保证语料库的代表性以及相关研究的普遍性；3）系统总结基于语料库的口译研究与教学组织，说明其研究设计与实施程序，明确其经验与得失，便于提高后续相关研究质量。

全书分四篇，共十五章。第一篇为绪论，其余三篇分别论述理论基础、方法策略与研究，以及教学应用。

第一篇介绍研究背景，明确语料库口译研究的学理关系（共三章）。先强调语料库对语言学、语言教学、翻译教学与研究等领域的重大影响，随后突出语料库研究路向在翻译研究未来发展中的地位与作用，最后明确基于语料库的研究模式与设计对口译研究的启示。

第二篇阐述语料库口译研究的理论基础（共两章）。首先明确语料库口译研究在语料库翻译研究中的地位与性质，随后强调语料库口译研究的意义，介绍口译语料库建设的总体设计与规划。

第三篇介绍国内外口译语料库的建设与相关研究（共七章）。既有口译语料库建设的整体设计思路与加工原则，也有国内外口译语料库建设的实践经验，同时介绍业已开展的语料库口译研究，着重从研究设计、实施策略等方面总结口译语料库建设与相关研究。

第四篇讨论口译语料库在口译教学中的应用（共三章）。分别讨论口译教学语料库的建设、口译教材的编写和基于网络的口译学习模式。

目 录
CONTENTS

第一篇 绪论

第一章 语料库语言学概论 /2
1.0 引言 /2
1.1 语料库与语料库语言学 /2
1.2 语料库的类别 /3
1.3 语料库的建设与加工 /5
1.4 语料库语言学的应用 /6
1.5 小结 /7

第二章 语料库翻译学介绍 /8
2.0 引言 /8
2.1 语料库翻译学的基本范畴 /8
2.2 语料库翻译学的研究领域 /10
2.3 语料库翻译学研究的发展趋势 /11
2.4 小结 /12

第三章 口译研究综述 /13
3.0 引言 /13

3.1 口译简介 /13

3.2 口译研究概况 /14

3.3 口译研究的发展趋势 /17

3.4 小结 /20

第二篇　语料库口译研究的理论思索

第四章　语料库口译研究：语料库翻译研究的分支 /22

4.0 引言 /22

4.1 利用语料库翻译研究进行口头话语研究的利与弊 /22

4.2 语料库作为描述性口译研究的资源 /24

4.3 现有单语语料库作为口译研究实验的资源 /26

4.4 小结 /28

第五章　口译语料库的理论准备与实践分析 /30

5.0 引言 /30

5.1 建设口译语料库的意义 /31

5.2 建设口译语料库的客观环境 /34

5.3 口译语料库的总体设计与规划 /38

5.4 语料库口译研究的客观评价 /42

5.5 小结 /43

第三篇　口译语料库的建设与研究

第六章　口译语料库的建设与研究：历史、现状与未来 /46

6.0 引言 /46

6.1 语料库口译研究综述 /47

6.2 语料库口译研究的发展趋势 /55

6.3 小结 /62

第七章 语料库口译研究的原则与方法 /63

7.0 引言 /63

7.1 口译语料库及研究概述 /64

7.2 口译语料库研究的原则与方法 /66

7.3 口译语料库研究的客观评价 /72

7.4 小结 /77

第八章 汉英会议口译语料库的创建与应用研究 /79

8.0 引言 /79

8.1 CECIC的设计 /80

8.2 CECIC的创建 /81

8.3 CECIC的应用 /87

8.4 小结 /99

第九章 口译语料的转写与应用 /101

9.0 引言 /101

9.1 口译语料线性时间对齐转写介评 /101

9.2 口译语料转写的未来策略 /109

9.3 小结 /113

第十章 基于语料库的汉英会议口译中语篇意义显化及其动因研究 /114

10.0 引言 /114

10.1 语篇意义显化 /115

10.2 汉英会议口译中的语篇意义显化 /116

10.3 汉英会议口译中语篇意义显化的动因 /124

10.4 小结 /130

第十一章 EPIC语料库的建设与加工 /131

11.0 引言 /131

11.1 欧洲议会多媒体口译语料库 /132

11.2 基于EPIC的口译研究与教学 /153

11.3 小结 /156

第十二章 口译文本的词汇特征：基于EPIC的分析 /158

12.0 引言 /158

12.1 词汇密度 /159

12.2 常用词 /164

12.3 小结 /166

第四篇 口译语料库的教学应用

第十三章 面向教学的口译语料库建设：理论与实践 /170

13.0 引言 /170

13.1 口译教学的特点 /171

13.2 IT技术与口译课程的整合：口译教学语料库 /172

13.3 口译教学语料库的作用及意义 /174

13.4 口译教学语料库建设中的主要环节 /176

13.5 "口译教学语料库"和"口译教学训练系统"建设 /178

13.6 小结 /186

第十四章 基于语料库的翻译专业口译教材建设 /187

14.0 引言 /187

14.1 语料库与口译语料库 /189

14.2 基于语料库的口译教材设计 /191

14.3 基于语料库的口译教材设计步骤 /196

14.4 基于语料库的口译教材使用潜力 /197

14.5 小结 /198

第十五章 基于网络和语料库的口译教学策略探索 /199

15.0 引言 /199

15.1 口译学习现状分析 /200

15.2 网络和语料库构建的意义 /204

15.3 语料库和网络辅助口译教学的策略与展望 /207

15.4 小结 /210

参考文献 /211

附录一 口译语料库网站及相关资源 /236

附录二 英汉术语对照表 /237

后记 /240

表格目录
TABLES

表8.1　CECIC语料篇头信息标注　/84

表8.2　CECIC进行分词和词性标注的中文语料　/86

表8.3　CECIC口语特征标注　/87

表8.4　CECIC各子库的基本数据　/90

表8.5　CECIC各子库语料中连接词使用频率　/91

表8.6　各语料库中频数最高的前十个类符　/92

表8.7　词频高于0.05%的类符中不同词性的使用频率　/93

表8.8　英语被动式的使用频率　/95

表8.9　与"were + 过去分词"对应的汉语语句结构　/95

表10.1　引导宾语从句或原因状语从句的连接"that"的频数　/117

表10.2　不定式符号"to"的频数　/118

表10.3　逻辑关系连接词的频数　/120

表10.4　汉英会议口译语料中逻辑关系显化例证　/121

表10.5 "这个(些)+名词"结构的翻译处理 /123

表11.1 EPIC的构成与规模 /135

表11.2 EPIC的转写规范 /143

表11.3 EPIC标头标注示范 /145

表11.4 EPIC转写的持续时长、文本长度和讲话速度计算标准 /146

表11.5 EPIC词性标注示范 /149

表12.1 EPIC6个子语料库词汇列表中的基数词情况 /161

表12.2 发音不整词情况 /162

表12.3 在研子语料库中的词汇密度 /162

表12.4 英语源语发言和英语译出语发言中的常用词词数及百分率 /164

表12.5 意大利语源语发言和意大利语译出语发言中的常用词词数及百分率 /165

表13.1 标注示例 /179

表13.2 口译教学训练系统 /180

表15.1 问卷调查结果 /200

图示目录
FIGURES

图5.1　口译语料库的逻辑结构　/42

图11.1　EPIC语言组合结构　/134

图11.2　org-en的欧洲议会议员发言者政治团体　/136

图11.3　org-en发言的讨论主题　/137

图11.4　org-it的欧洲议会议员发言者政治团体　/137

图11.5　org-it发言的讨论主题　/138

图11.6　org-es发言的讨论主题　/139

图11.7　EPIC初级检索页面　/151

图11.8　EPIC文本显示选项　/152

图13.1　口译教学语料库的整体建设程序　/178

图13.2　课堂教学平台　/181

图13.3　自主训练平台　/181

图13.4　考试评估平台　/182

第一篇 绪论 01

　　本篇是研究背景的宏观介绍,包括三章。第一章说明语料库语言学基本情况,强调语料库对语言学、语言教学、翻译教学与研究等领域的重大影响。第二章着重分析语料库翻译学的发展历程、基本特征、研究主题等内容,突出语料库研究路向在翻译研究未来发展中的地位与作用。第三章说明口译研究在翻译研究中的特殊性,明确基于语料库的研究模式与设计对口译研究的意义与启示。

第一章
语料库语言学概论

1.0 引言

语料库语言学的兴起与发展是20世纪语言学领域的重大变革，对语言研究方法、研究视野、研究层次乃至语言学的未来发展都产生了深远影响。在明确语料库的基本概念、语料库语言学的本质特征的基础上，本章重点介绍语料库语言学的发展历程、语料库建设的核心理念与技术术语、语料库语言学在语言本体和语言应用等领域的实际应用等内容。

1.1 语料库与语料库语言学

从词源上讲，语料库——corpus（复数形式corpora）一词来自拉丁语，指身体或躯体（body），后用来指具体主题文字形式的汇编与整理。在语言学研究中，语料库"是指应用计算机技术，按照一定的语言学原则，根据特定的语言研究目的而大规模收集并贮存在计算机中的真实语料，这些语料经过一定程度的标注，便于检索，可应用于描述研究与实证研究"（王克非，2012：9）。因此，以语料库为基础的研究可看作是对该语料库所代表语言、语言变体或文类的研究，具体结论可以推广到整个语言、语言变体或文类（梁茂成 等，2010：3）。

应用语料库进行语言研究一般可分为三个阶段：第一阶段可以追溯到19世纪末，当时仅停留在卡片制作和人工收集与检索阶段，成果多用于语法研究和词典编纂。20世纪80年代到90年代，语料库语言学开始进入计算机辅助语料收集与分析的阶段，其标志之一是语料库规模突破千万词的容量，而且跨国大型语料库开始建立，并逐步涉及语言对比分析、语言教学等领域。20世纪90年代中后期以来，语料库语言学进入第三个阶段，其主要特征是：1）大规模、多品种语料库的建设；2）对语料的深度加工与研究；3）应用范围拓展至语言对比、语言教学、翻译教学与研究（包括机器翻译、相关软件开发等）。（何安平，2004：1-3；王克非，2012：9-10）

因此，现代语料库语言学（modern corpus linguistics）一般指专门对大规模储存于计算机里的语料库进行研究的学问（何安平，2004：1）[①]。从语言学研究方法来看，语料库语言学其实是20世纪50年代经验主义研究方法的复苏，其两大主要特征是：大量的真实语言使用实例和统计学理论与方法。这使得语料库语言学成为实证语言学（empirical linguistics）的重要代表（梁茂成 等，2010：10；176）。

1.2 语料库的类别

根据研究目的、加工层次、应用领域等因素的差异，语料库包括以下主要种类：

通用语料库（general corpus） 广泛采集某语言的口、笔语形式，取样时尽可能考虑口、笔语的主要社会变体、地域变体、行业变体等各种变异及语言使用场合之间的平衡，力求最

---

① 关于语料库语言学的学科属性与地位，相关争论见：梁茂成 等（2010：3）、许家金（2003）。

大限度地代表一种语言的全貌，如英语国家语料库（BNC）、英语文库（BoE）、美国国家语料库（ANC）等。

专用语料库（specialized corpus） 又称专题语料库（special purpose corpus）。出于特定研究目的，专注于特殊领域（domain）（如科技、新闻、文学等）的语料库收集、加工、研究与应用。

共时语料库（synchronic corpus） 由同一时代的语言使用材料汇集而成的语料库称为共时语料库，用于总结特定时期的语言特征。

历时语料库（diachronic corpus） 由不同时代的语言使用材料汇集而成的语料库称为历时语料库，用于考察语言发展变化的阶段性特征与规律。

口语语料库（spoken corpus） 包括由口语转写而来的文本，也包括语音文本。通过与通用语料库或笔语语料库的对比分析来发现口语语言特征，如语调、停顿、重复、修正等。

笔语语料库（written corpus） 取材于书面语，通常包括书籍、报刊、书信、学术论文等笔语形式。

本族语者语料库（native speakers' corpus） 语料全部来源于具体语言的母语使用者。

学习者语料库（learner corpus） 语料全部来源于具体语言的非母语使用者，用于考察二语习得过程中的语言特征及其影响因素。

平行/双语语料库（parallel/bilingual corpus） 语料来源于两种不同语言，而且相互对应，即一种语言是另一种语言的译文，多用于翻译教学与研究、机器翻译等。

多语语料库（multilingual corpus） 语料来源于两种以上的不同语言，如欧洲议会多语平行语料库（European Parliament

Proceedings Parallel Corpus）。

1.3 语料库的建设与加工

语料收集与加工是语料库建设的基础，涉及一系列加工技术与标准，主要包括（梁茂成 等，2010：8-20）：

标注（annotation） 标注指借助各种形式符码对语料的各种属性进行标记，便于计算机识读与统计分析，主要包括：元信息标注（metadata）、词性赋码（POS tagging）、句法标注、语义标注、语用标注、语音标注、语误标注等。

形符（token）、类符（type）、类符/形符比（type-token ratio） 形符是一个语言单位，类同于日常所说的"词"，指词语在语言应用中的各种表现（包括单复数、时态、缩写等）。类符指不重复计算的形符数，也就是说，重复出现的某一形符只计为一种类符。类符/形符比是衡量文本词汇密度的常用方法（为保证整个语料库类符/形符比的同质性，通常采用标准类符/形符比（standardized type-token ratio），即将语料库分为若干部分，确定每部分的类符/形符比，再计算多个类符/形符比的平均值，即为标准类符/形符比）。如句子"Thus, when translating a product manual from Chinese into English, the source text is Chinese and the target text is English."中有21个形符、16个类符（Thus, when, translating, a, product, manual, from, Chinese, into, English, the, source, text, is, and, target），该句的类符/形符比（词汇密度）是$16/21 \times 100 = 76$。

概率（probability）与频率（frequency） 概率与频率是语料库语言学中最主要的两个概念，皆指通过卡方检验或其他统计方法（如log-likelihood, Fisher's exact test等），测量语言现象在实际语言应用中呈现的可能性。

索引（concordance）与索引工具　索引又称"语境关键词"（key word in context, KWIC），用以分析具体语言使用环境中特殊语言形式的频率与作用。索引工具一般分为三类：1）通用索引工具，主要应用于通用格式的语料库（特别是无标注或只进行词性标注及其他简单标注），如WordSmith Tools, AntConc, Concordance等；2）专用索引工具，用于特殊目的的大型语料库检索，如BNC的Sara和Xaira，BoE的jLookup等；3）基于网络的索引工具，如伯明翰城市大学的WebCorp等。

搭配（collocation）与类联接（colligation）　搭配指具体语境中词语之间的"结伴关系"，即词语间的共生性及其强度（collocability），以此考察词语间的相互关系；类联接是一种更高层次的搭配，涉及词语间的语法关系。搭配与类联接分析对语言教学、机器翻译等均有实际应用价值。

多词序列（multiword expression, MWE）　多词序列又称多词单位（multiword unit, MWU）、复现词组（recurrent word combination），类似表达还有词块（lexical chunk）、词簇（word cluster）、预制语块（prefab或prefabricated chunk）、套语（formulaic sequence）等，用于考察大于词组的语言应用现象，对分析语言对应单位（corresponding unit）、翻译单位（translation unit）有明显应用价值。

语义韵（semantic prosody）　语义韵借助词语搭配情况，分析具体语境下词语的语义关系（如褒义、贬义、正式程度），明确"语义场"（semantic field）与词语意义的关系。

1.4　语料库语言学的应用

语料库语言学作为一门独立的学科，既包括各种基于语料库研究的理论、方法、工具与技术，还包括语料库开发以及语料库的应用研究。这决定了语料库语言学不是一种纯理论的形而上的研究，而是一种旨在描述和分析真实语境中的自然语言，并试图与语言教育建立关联的应用性研究。

1.4.1 语言本体研究

基于语料库的语言特征分析可以反映语言形式的各个层次，包括形态、词语（包括短语、音韵、句法）、句子、文本、文本群落、话语等（梁茂成 等，2010：185-187）。

1.4.2 语言应用研究

根据语料库的性质与加工层次，语料库语言学的应用性研究主要包括语言对比分析、语言教学、翻译教学与研究、单/双语词典研编、自然语言处理（如语音合成）、机助翻译与翻译软件开发等（王克非，2012：11-15）。

1.5 小结

应该承认，在研究对象的真实性、研究方法的系统性、研究程序的严谨性、研究结果的可重复性与可验证性等方面，语料库语言学表现出其他语言研究范式不可比拟的优势，正在成为语言学研究的主流趋势，语料库已经成为几乎所有语言研究的关键要素（Teubert，2005）。因此，借助语料库语言学的基本理念与方法，探索语言实际应用的基本特征与规律，应该是未来外语教学与研究的一个基本战略方向。

第二章
语料库翻译学介绍

2.0 引言

在现代语料库语言学的影响下,结合描写性翻译研究在文本地位、翻译效果分析等方面的启示,语料库翻译研究逐步成为当前翻译研究的一种主流研究范式。通过对语料库翻译学发展历程的梳理,本章注重分析语料库翻译学的内涵、学科地位、本质特征、方法策略、研究取向等关键学理范畴,介绍语料库翻译研究的主要领域,同时客观指出语料库翻译学存在的问题,并提出针对性的解决方案。

2.1 语料库翻译学的基本范畴

2.1.1 语料库翻译学的界定

20世纪末以来,语料库的迅猛发展极大推进了语言学的探索,在研究方法、研究主题、研究规范、语言学性质属性等方面均产生了深远的影响。鉴于基于语料库的语言学研究可以称为语料库语言学,同理,基于语料库的翻译研究可以称为语料库翻译学(王克非,2012:4)。因此,语料库翻译学"是指以语料库为基础,以真实的双语语料或翻译语料为研究对象,以数据统计和理论分析为研究方法,依据语言学、文学和文化理论及翻译学理论，系统分析翻译本质、翻译过程和翻译现象等内容的研究"（胡开宝，2011：1）。

2.1.2 语料库翻译学的发展历程

20世纪80年代，语料库的理念与方法开始进入翻译研究学者的视野，出现了基于原文/译文的人工统计分析，重点思考显化（explicitation）、简化（simplification）等翻译普遍现象。1993年，Mona Baker发表"Corpus Linguistics and Translation Studies: Implications and Applications"一文，阐明了语料库翻译研究的理论取向、方法策略、研究主题等关键内容，成为语料库翻译学开山之作。20年来，各国学者进行了大量理论探讨和实证分析，逐步明确了语料库翻译学与其他翻译研究策略的关系，确定了语料库翻译研究的基本理论框架、研究方法、研究重点、研究趋势，使得语料库翻译学成为了一种真正意义上的翻译研究范式（王克非，2012：5-6）。

2.1.3 语料库翻译学的学科地位

从学理渊源上讲，语料库翻译研究主要受两个领域的影响，一是语料库语言学，二是描写性翻译研究（Descriptive Translation Studies, DTS）（Laviosa, 2002：5）。一方面，语料库翻译研究主要借鉴语料库语言学概率统计、定量分析的方法特色，探索翻译文本的语言特征（包括译者风格），确定原文与译文的整体对应关系。另一方面，语料库翻译研究以描写翻译研究为理论基础，摈弃简单的原文本取向的价值判断模式（即基于原文的"对等"），重新认定了翻译语言（translated language）、翻译文本（translated text）独特性质（即非派生、非次标准）与作用（特别是对译入语及其文化环境而言）。因此，"语料库语言学与描写性译学相互融合，最终形成语料库翻译学这一全新的翻译学科"（胡开宝，2011：6）。

2.1.4 语料库翻译学的基本特征与方法

语料库翻译学利用科学的统计工具和数据分析程序,不重视直觉和内省方法的使用,强调语料库驱动,对自然发生的真实翻译现象进行系统而全面的观察,体现出归纳性的研究思路,是一种描写性翻译研究模式,同时也是一种实证式的研究设计。

具体来说,语料库翻译学的主要实施策略如下:1)提出假设;2)建立研究目标并对假设进行验证;3)描写和分析数据;4)对发现进行理论阐释;5)将假设精确化;6)在此基础上提出新假设,或修正原有理论,或提出新的方法设计。(Laviosa,2002:2)

2.1.5 语料库翻译学的价值取向

语料库翻译学的目标不是能够解释局部现象的翻译理论,而是瞄准翻译的共性和规律,强调翻译文本本身的特质(王克非,2012:25)。具体来说,语料库翻译学既关注翻译中的语言操作,特别是语言对比状况,同时也注重分析语言现象的诱因,特别是社会背景、文化属性、权利关系等宏观因素。这就意味着,语料库翻译学可以从理论层面、描写层面与应用层面全面展开(见2.2节),从而避免20世纪90年代翻译研究"文化转向"(cultural turn)所带来的翻译学本体论瓦解危机(特别是翻译研究消弭于文化研究、比较文学研究之中),让翻译学实现本体回归(王克非,2012:31)。

2.2 语料库翻译学的研究领域

整体而言,语料库翻译学关注理论研究、描写研究、应用研究三个层次。理论研究分为具体理论研究和一般理论研究。具体理论研究关注不同语言对(如英汉、法德等)的理论认识。一般理论强调以具体语言对理性认识为基础的翻译共性与普遍原则分析。描写研究分为内部与外部两方面。内部描写侧重对语言系统内部各语言层级调整的描写与分析。外部描写注重考察影响语言操作的外部因素（如社会意识形态、文化规范等）。应用研究主要包括翻译策略分析、翻译教学与培训、翻译批评、翻译信息工程、翻译政策研究等。（王克非，2012：26-29）

具体来说，语料库翻译学研究主要包括：1）译学研究语料库的建设。译学语料库的建设是语料库翻译学的基础性工程，其设计方案、语料加工、工具开发等均可成为专项研究课题；2）翻译语言特征研究，包括具体语言对的语言特征分析、翻译普遍性归纳与分析；3）译者风格研究，对翻译语言特征的各种影响变量进行统计分析，归纳译者或译文风格特征，同时对译者风格进行语言文化与认知心理层面的剖析；4）翻译规范研究，探索具体历史时期翻译行为的影响因素，考察国家属性、性别、翻译方向等因素对翻译文本特征的制约等；5）翻译实践研究，重点探索翻译转换的对应层次与策略；6）翻译教学研究，分析各类翻译语料库在翻译教学组织中的应用，探索语料库翻译教学的模式、方法、材料、评价体系等问题；7）口译研究，建设口译语料库，并以此开展关于口译语言特征、口译规范、口译教学组织等方面的研究。（胡开宝，2011：28-31）

2.3 语料库翻译学研究的发展趋势

虽然语料库翻译学在研究方法、研究范围等方面表现出独特的优势，但作为一种实证性、描写性的研究模式，语料库翻译学也存在一些问题：1）语料库翻译学研究所依赖的语料基础不可能是无限的，很大程度上限制了研究结论的代表性；2）语料库翻译学目前主要采用对比模式，尚无法完全解决"对比中立项"的问题（Baker，2004：7），即无法保证对比项目的同质性、普遍性与代表性；3）语料库翻译学研究（特别是关于翻译普遍性的探索）主要体现"逆证"思维逻辑，即从观察到的事实进行假设推理，但这种推理逻辑属于扩展推理，并不具备逻辑上的有效性，难以完全反映普遍规律；4）语料库翻译学主要是一种定量研究，但翻译现象量化数据的理性分析仍需借助相关理论的定性思路与方法。（王克非，2012：29-31）

因此，语料库翻译学未来发展应该注重以下几个方面：1）加强翻译学研究语料库的建设和应用，推进语料库资源的共享；2）紧密结合翻译学研究的跨学科属性，从语言学、文学理论和文化理论等视角，深化语料库翻译学研究层次；3）坚持定量分析与定性分析相结合的原则，将数据统计方法引入语料库翻译研究；4）大力开展基于语料库的口译、应用文体翻译和翻译教学等领域的研究，不断拓展和深化语料库翻译研究范围。（胡开宝，2011：194-201）

2.4 小结

翻译研究从规范向描写范式的转变，加之现代语料库语言学的发展，催生了语料库翻译学这一新兴的翻译研究范式。虽然在推理逻辑、方法设计、语料规模等方面依然存在种种限制，但语料库翻译学已经超越了简单的方法论革新的阶段，对翻译实践、教学与研究产生了革命性的影响，极大地提高了翻译研究的社会影响力，对语言对比分析、话语意义、文化传播等领域的影响，也正日益为人们所关注。

第三章 口译研究综述

3.0 引言

口译活动历史悠久，但作为一种科学探索，口译研究显然是一个非常年轻的研究领域。在简要介绍口译发展历史的基础上，本章重点梳理半个多世纪的口译研究历史，明确口译研究经历的几个关键发展阶段，突出各自的特点及相互关系，着重分析当前口译研究的关键议题、方法策略，并对未来口译研究的发展（特别是研究热点、方法模式等）进行展望与预测。

3.1 口译简介

口译是人类通过口头表达形式，在两种（或多种）不同语言间准确、迅速地传递信息、交流思想的一种交际活动。作为一种人类交际活动形式，口译活动自人类在不同国家、不同民族之间发生交往之际就已经开始了（Pöchhacker, 2004: 27）。

至20世纪初期，世界各国的交往与联系日益频繁和紧密，口译活动的作用与重要性也日渐突显。口译不再仅仅是不同语言群体之间的日常交往工具，更成为国家与民族间沟通与合作的桥梁和纽带。20世纪40~50年代是口译历史上另一个关键的发展时期。1953年，国际口译工作者的专门组织——国际会议口译员协会（AIIC）成立，对译员资格、职业道德等进行了规范和管理，标志着口译活动进入了一个全新的发展时期。

在当前全球经济一体化形势下，各个国家和民族在经济、政治、贸易、文化等领域的交往与合作日趋紧密，口译活动的场合越来越广泛，口译的作用也受到人们越来越多的重视，口译职业和口译活动也必将发挥越来越重要的作用。

3.2 口译研究概况

虽然口译活动的历史非常悠久，但口译研究还是一个新兴的研究领域。整体来看，西方口译历史较长，20世纪50年代出现了一批以口译经验总结与口译规范介绍为主要内容的著作，标志着西方口译研究的正式开始（Pöchhacker，2004：31）。而中国的口译研究起步较晚，初步性探索开始于20世纪70年代末80年代初。而在20世纪90年代以后，随着社会对口译需求的不断增加，口译活动日益频繁，作用日趋显著，严格意义上的口译研究才真正开始进入迅速发展的时期。

3.2.1 口译研究的阶段性特征

3.2.1.1 口译研究的"萌发期"：20世纪60～70年代

口译研究开始于20世纪50年代，当时主要是对口译人员基本素质、口译操作规范与技巧等口译基本常识的个人体悟式归纳及经验总结，处于科学研究的启蒙阶段。从20世纪60年代开始，心理学家开始关注口译操作的语言加工过程，主要涉及EVS（ear voice span，听说时差）与句子切割、源语语速对口译效果的制约、口译信息对等性、口译信息加工模式等问题。

3.2.1.2 口译研究"停滞期"：20世纪70～80年代

以Seleskovitch与Lederer为代表的一批职业口译实践者创立了"释意理论"（Théorie du Sens）（Seleskovitch，1975/2002）。

其基本理念与方法（特别是其核心概念"脱离源语语言外壳"（déverbalisation））给口译转换策略、口译信息加工、口译认知机制等各个议题都带来了全新的启示，逐步成为这一阶段口译研究的主导。特别是在该理论影响下形成的会议口译教学法已经在世界各地口译教学与培训中普遍应用，形成了一大批应用型教学与研究成果，产生了广泛而深远的影响。

3.2.1.3 口译研究的"成长期"：20世纪80年代至20世纪末

在心理学、语言学、认知心理学等相关学科的影响下，口译研究视野日益拓展，主题不断丰富，涉及口译认知加工机制（如注意力分配、记忆资源、心理词库、神经生理等）、口译社会文化属性、口译职业化等内容，研究方法与工具也日趋丰富，既有定量的观察、调查与实验研究，也有定性的个案分析与理论思考，更有定量与定性结合的综合策略，扩大了实证数据基础，积累了重要的客观数据材料。

3.2.1.4 口译研究的"调整期"：21世纪起至今

跨学科意识日益加强，开始强调研究策略与方法的综合性对口译研究的重要性，要合理评价口译定量研究（以实验性研究为主）的应用领域、研究对象以及具体效果，甚至呼吁口译研究方法的定性"转向"，强调口译活动的经验性与社会性对口译研究与教学的启示意义，特别明确了口译研究主题要回归口译活动本体的重要性（Pöchhacker, 2010）。

3.2.2 口译研究的成就

3.2.2.1 拓展研究视角

多样化研究视角主要包括：口译的社会职业发展（如形成历史、社会影响、职业培训、市场准入机制、信息管理等）、口译文本语言特征分析（如语言对比分析、口译语言篇章分析、口译心理词库的结构与特征等）、口译信息传递（如口译意义单位与加工单位、口译信息传递模式、口译评估与测试等）、口译交际活动特性与影响（如"社区口译"[①]情景下口译员角色与作用、口译活动对社会交际活动的影响、口译质量的评价标准与方法等）、口译质量的社会学调查与分析、口译深层认知加工与神经处理分析（如口译双语现象的本质、口译记忆机制、口译神经发展特征等）。

3.2.2.2 改善研究方法

1．定量方法

以认知心理学、心理语言学、语料库语言学、教育测量学（测试学）等学科的理论与方法为基础，口译研究定量方法的应用，特别是研究设计、数据收集与分析、结论阐释等环节，较之前都有明显改善，数据与结论的代表性也相应显著提高（Dimitrova & Hyltenstam，2000；戴炜栋、徐海铭，2007）。

2．定性方法

口译活动的复杂性，特别是具体社会交际场景下的口译服务（即"社区口译"）所表现出的特殊性，使得社会学、人类学、交际学的定性分析逻辑与方法得以充分应用，在一定程度上克服了定量方法微观数据突出而理性阐释不足的弊端，提高了相应结论的解释力。

3．综合应用

鉴于口译活动在认知机制、信息传递、社会交际等方面的复杂性，针对某一具体问题的探索与分析，须考虑其他相关因素的影响作用（如分析口译认知记忆机制要考虑口译操作的情景语境与社会语用要素，而考察口译的交际效果也不能忽视口译操作的心理因素）。因此，定量与定性方法相结合、多种方法综合应用的策略，已逐步成为当前跨学科口译研究的核心设计思路与方法策略。

[①] 社区口译（community interpreting）涵盖内容非常广泛，主要包括法庭、医院、教育等各种社会机构与环境中的口译活动。目前关于社区口译的范围、性质、特点等问题还存在较多争议（参见Hale et al., 2009）。

3.2.2.3 推动理论构建

在口译研究发展历程中，先后形成了几种较为成熟的理论研究模式或口译研究范式：释意理论的研究范式、认知处理的研究范式及神经语言学的研究范式、话语互动的研究范式，以及翻译理论的研究范式等（Pöchhacker，2004：82）。释意理论范式主要考察口译的语言重构过程（如Selesikovitch提出的"口译三角模型"）；认知处理范式及神经语言学范式主要研究口译过程中的认知处理模式（如Gile的"口译精力分配模式"）并探究其神经生理基础（如Trieste大学的Fabbbro，Gran，Tommola等人的研究）；话语互动范式以对话口译（dialogue interpreting）为主要研究对象，视口译为话语的互动，主要研究口译活动的话语互动关系（如Wadensjo，Roy等人的研究）；翻译理论的口译研究范式刚刚兴起，运用描述翻译理论及功能翻译理论等，把口译活动作为一种社会与文化现象进行研究。

3.3 口译研究的发展趋势

3.3.1 社区情景下的口译服务

这类研究多属于描写性质，借鉴社会学、人类学、交际学等相关学科的理论与概念，利用定量手段，通过个案分析、文本解读等方法，对特殊情景下的以口译服务为媒介的社会交际活动（特别是其中的口译活动）对社交活动的影响，口译性质与功能在交际活动中的变化，口译员的地位、身份、作用，口译质量与效果的评价等问题，进行客观描述与系统分析。

3.3.2 口译行为的社会文化属性

可以使用历史学、社会学、人类学、文化学的原理、方法以及叙事方式，对跨文化背景下的口译行为的本质与功能，特别是口译行为的政治影响与作用、口译员的社会及意识形态归属等问题，进行深入调查与探讨，这也是翻译学"文化转向"及其研究策略在口译研究领域的一种延续（Cronin，2002）。

3.3.3 口译认知加工机制的深度探索及实际应用

可以借鉴心理学、心理语言学、认知心理学、传播学等相关学科的理论与概念，对诸如口译思维理解机制、口译心理预测机制、口译心理词库的发展与提取模式、口译记忆工作模式、口译信息单位等问题进行实证性观察与分析。特别是如何将口译认知研究成果（如口译记忆能力、口译精力分配、口译信息"语块"等）应用于口译教学与培训环节，提高口译教学效果，增强口译实践能力，将会成为口译认知研究与口译教学相结合的一个新趋势。

3.3.4 口译文本的语言特征分析

可以应用篇章语言学、语料库语言学、计算语言学的统计分析方法，以口译语料库为基础，对口译文本的语言特征进行全面而细致的描述与分析，如词语特征、句式特点、语篇组织方式与结构、口译文本的"普遍性"（如明晰化、简洁化、规范化）等，不仅有利于客观认识口译文本的语言组织特点，也可从原文与译文的对比角度考察口译策略、口译质量评价等问题，对口译教学与研究有诸多启示意义（胡开宝，2011：175-190）。

3.3.5 口译质量的社会性调查与分析

口译质量的评价，不仅需要从理论上论证口译质量的构成要素、相互关系、评价标准、评价主体、评价程序等关键问题（Pöchhacker，2002），更需要借鉴社会学调查研究与统计学的数据收集与分析的程序与方法，就口译质量的影响因素，不同人员对口译质量期待与评价的差异性，口译质量期待在不同情景下的差异，口译质量期待与评价在口译实践与教学的作用与启示，口译质量调查在口译市场管理的系统化、规范化中的作用等问题，开展实际调查工作，广泛收集客观数据，为科学化口译质量评估体系的建立与完善提供第一手的客观数据支持。

3.3.6 口译职业化进程的规范化

可以借鉴市场管理学、信息传播学等相关理论与方法，对涉及口译职业化操作的一系列重要问题进行深入讨论与探索，以确保口译职业化进程的有序发展，如口译质量体系的建设与完善（质量影响因素、质量标准、评价主体、评价程序等）、口译市场准入规范（口译资格测试设计与执行程序的客观性与一致性）、口译市场服务信息的系统化管理等。

3.3.7 "新"形式口译的规范与评价

首先，电视口译、电话口译、网络口译等"远程口译"（remote interpreting）将成为未来发展势头最活跃的口译形式（Pöchhacker，2004：22）。可以借鉴信息传播学、社会交际学关于信息渠道管理、交际接受心理等理论，以多媒介对比分析等方法，考察"远程口译"中信息传播方式及参与各方的相互关系，分析这些特点对口译质量评价、口译员角色与作用的影响，以丰富口译实践教学模式，提高相关培训质量。

其次，手语口译涉及手语与口语间的信息转换，是一种特殊的口译服务（Pöchhacker，2004：14-17；肖晓燕、王继红，2009），可以运用社会心理学、跨文化交际学等相关理论，采用定量社会调查、定性语料分析（视频及文本等多种形式），考察手语口译的信息转换模式、认知过程、信息质量判断等问题，以提升手语口译的社会地位与影响，为特殊群体提供更好的社会服务。

3.4 小结

作为一个新兴的研究领域，口译研究一方面与其母体学科（翻译研究）存在密切关系，另一方面又具有独特属性，特别表现在主题范围、研究方法、效果评价等方面，使得口译研究呈现出相对独立的学科属性与研究规范。特别是在方法论层次上，语言学、心理学、文化学、人类学等学科理论与方法对口译研究的影响更加明显。新方法、新工具的应用很大程度上是口译研究迅猛发展的根本动力，其中现代语料库语言学、语料库翻译研究在口译研究中的延伸自然成为一个焦点问题，也是后续各部分重点讨论的内容。

第二篇
语料库口译研究的理论思索

02

本篇重点阐述语料库理念与方法应用以及口译研究的理论基础，包括两章。第四章首先明确，从学理层次上讲，基于语料库的口译研究是语料库翻译研究的一个自然组成部分，语料库翻译研究的基本方法、步骤、策略等均可在语料库口译研究中实现。同时强调了各类语料库用于口译研究的可能性与重要性。第五章具体分析语料库口译研究的基础性理论思考与实践问题，强调语料库口译研究的意义，说明口译语料库建设的客观环境，介绍口译语料库建设的总体设计与规划，并对语料库口译研究进行客观评价。

第四章
语料库口译研究：语料库翻译研究的分支 *

4.0 引言

语料库语言学是以数据为驱动的研究方法，用于分析大量的机器可读文本。同声传译是语际间的加工方式，其输入和输出都是口头的。利用语料库语言学研究同声传译免不了会遇到一些有关其可行性和意义的问题。本章拟从两方面对基于语料库研究口译的方法进行探讨，一是建立口译相关话语的对应和类比语料库①，二是利用现有单语语料库验证口译相关假设。

4.1 利用语料库翻译研究进行口头话语研究的利与弊

在口译研究文献中不少观测评述是基于零星的、往往是轶事性质的材料上的。也就是说，这些材料取自于数量有限的

---

* 高彬（译）（Miriam Shlesinger. Corpus-Based Interpreting Studies as an Offshoot of Corpus-Based Translation Studies. Meta, 1998, 43(4): 486-493.）。
① 对应语料库包括源语为A语的文本和与其对应的译语为B语的文本。类比语料库包括同一种语言的两类不同文本，一种包括以该语言为源语创作的文本，另一种包括从某种（或多种）特定语言翻译为该语言所形成的文本。（Baker, 1995）

几次输出①。此外，有些是出于取样方便而未能考虑生态效度（ecological validity），例如口译研究者通常是从大量学生或学员的传译输出中进行取样。学生的译语输出与专业译员的输出一样，都是有效的研究对象，但是两个目标群体之间存在差异，难以将研究结果相互适用。用专业译员进行实验研究是一种敏感并且经常受挫的做法，更何况在任何地方，任何语言组合的"受试者"的数量都是相对较少的②。

从口译研究的角度出发，考虑到当前我们有可能利用大规模机读语料库对口译文本的特点进行整体分析（首先是考察口译文本与其他形式的口头话语的关系，其次是考察和其他翻译形式的关系），编制双语或对应语料库的做法确实是姗姗来迟了。这让我们又回到基于语料库的翻译研究是否适用于同声传译研究的问题上。

如果"技术应用的方便程度能够微妙地改变我们希望的范式"（Monaghan，1995：62）是言之有理的，那么，语料库口译研究范式的发展和完善则取决于我们能否成功克服两个主要障碍。

4.1.1 转写

尽管输入（如会议发言或者带稿发言）常能以机读（或者容易转换的）形式实现，译员的输出则不然。现代技术虽然有进步，但转写仍是一个费时费力的过程，这是一个主要的方法

---

① 内省式数据是稀缺的，其价值也值得怀疑。辅以录音的方法除外，最好是用能包括发言原声的双轨格式录制。此外，传译过程中同步观察自己的输出，由于翻译加工不可复制，而且鉴于自我观察的客观性问题，对文本的评价或其他见解是不大可能经受住考验的。
② 在研究项目中使用这种录音需要得到许可，这也是很敏感的问题。这种要求和限制也同样适用于下述的基于语料库的研究途径。

上的障碍①。这些困难不仅在于转写行为本身，还有口语交际的某些因素是既微妙又带有主观性的，让人难以描绘（Cook，1995：51-52；O'Connell *et al.*，1993）。对于那些"没有现成机读形式的文本"，Johansson（1992）曾建议精心设计一个较小规模的样本语料库。为了能在理想的和现实可行的方法之间找到一个最佳折中方法，至少在当前这仍不失为一个颇为适宜的做法。

4.1.2 副语言维度

转写虽然费力，但可以给我们展现译员的语言输出。然而，它的一个主要缺点是无法反映与其相伴的副语言维度。不过我们还得容许这种情况，因为至今还没有取得所需的技术突破让我们用机读形式或者容易识别的方式记录韵律和时间特征——包括区分口译和其他形式口语话语的显著的韵律特征（Shlesinger，1994；Williams，1995）。这显然需要建立一个便于通用的语音数据编码体系②（Berk-Seligson，1990：50-51；Kalina，1994）。所以，考虑到语调的微妙性和副语言的一些参数，可以审慎地做出让步，将语料库语言学应用于口译时，可暂且局限于适于转写的那些特征。

4.2 语料库作为描述性口译研究的资源

语料库语言学对揭示口译有何意义呢？首先，它能揭示语

---

① 英国国家语料库指南中说明口语输出仅占所有文本的百分之十，这一点是主要原因。"在英国语料库的限制内采用可行的数据"造成了这种局限性（Bumard，1995:19）。
② 对于对应语料库这一点显得尤为重要，以记录相应的源语语篇特征和两个输出之间的同步性。Chafe 等（1992)的英语口语语料库编写方法可以给我们提供一个大概的答案。该方法将语音转写为标准英语拼写法，并与语音联系在一起,这样语言学家和讲话研究人员可以研究听觉现象和语言因素之间的关系。身势语（kinesic)和空间关系特征（proxemic feature)是同声传译不太重要的部分,因为译员不经常受人观察,并且也不依靠身体语言进行交流。但是在对交替传译和联络口译的研究中,必须考虑到这些特征才算完整。

料库语言学用以检测各种语料的特征：词频、语法构造、语篇模式、共现、词汇密度、类符/形符比等。除此之外，可以通过两种类型的语料库来研究口译，这实际上是将语料库翻译研究的两个重要应用延伸到口译研究领域（Baker, 1995; Laviosa, 1998a, 1998b）。

4.2.1 类比语料库

理想的情况是，口译研究的类比语料库应该包括同一语言的三个独立文本：口译译语文本、相似场景下发表的源语口头话语文本和其笔译文本。与同一语言的类比文本进行比较时，通过这种形式可以识别作为口头话语口译文本特有的风格（无论其源语为何种语言），也可以通过与无论源语为何种语言的笔译作品进行比较，识别某一语言中的口头翻译作品独有的口译文本风格。换言之，通过这类研究，我们或许能识别不同风格、不同语言以及不同个体所具有的特征。除此之外，有些最终发现的特征可以用来证实迄今尚未验证的针对加工能力限度的见解（Gile, 1991），而另一些发现可以用来更系统地描写口译操作形成的转换或偏移情景（Shlesinger, 1989a, 1989b, 1995）。

Baker（1993）曾呼吁研发适用于查询源语和译语文本的大型语料库的方法和工具，便于探寻这些文本独特性产生的原因（比如，语言的整体影响，或是其他形式的文化交融），并且观察"翻译行为的原则和翻译操作的限制因素"。为此，她强调研究大量真实数据的重要性，而不是过于关注孤立状态下的个别例证。这种研究的一个目的是描述翻译文本"作为一种通过中介形式而进行的交际活动"所表现出的普遍特征（Baker, 1993: 243）。这同样也适用于口译研究。

4.2.2 对应语料库

研究口译译语文本和其源语文本，既可以识别口译文本中某一语言（及某一翻译方向）（如外语到母语、母语到外语——译者注）的特征，也可以识别这种翻译方式（即口译——译者注）在译者主体、语言、篇章和其他方面可能具有的特性。除了笔译语料库研究经常考虑的语言组合因素和个人因素（如性别、经验、语言背景）（Baker，1996；Laviosa，1998a，1998b，1998c），对口译员输出的语料库分析方法也将有助于揭示翻译方式（pattern）和具体模式（modality）的相互影响。（一个有名的例子就是从德语到其他语言的同声传译：德语的动词或动词短语经常置于句末，而其他有些语言的动词则必须出现在句子前端。因此，关于这种语言组合的口译策略以及译语输出特征的种种假设，都可以利用对应语料库进行有效验证。而某些小型研究最多只包括10个译员的孤立的输出样本，因此相关结果只是暂时性的。相比之下，计算机能大量地分析输入和输出样本，所得结论更为详实有力。）将上述研究结果与笔译文本相比较，一方面将有助于区分翻译模式的影响（如笔译、口译）与语言组合因素的影响，另一方面也有利于区分翻译文本总体特点的影响因素。此外，如有可能，需要收集三种文本：源语文本，相应的口译译语文本和笔译文本[①]。如同在这方面的小型研究一样，计算机通过对同一源语文本的口译和笔译文本的比较，可以评估不同语言形态（书面、口语——译者注）对两种语言的功能对等的具体影响。

4.3 现有单语语料库作为口译研究实验的资源

在众多口译研究范式中，认知心理学与口译研究似乎更特别相关，尽管研究方法上依然存在问题。心理学实验研究中的微观分析虽然费时费力，但却是一种非常普及的方法，而口译活动

[①] 尽管是会议场景，会议发言还是经常会有笔译版本。

的情景、语境、文本和主观性等众多变量,似乎难以使用这种心理学的方法。但是,现在不断有人提出将二者联系起来①。尽管来自口译研究领域内外的研究者原则上同意控制性的实验研究非常重要,但实际的实验设计和执行方法却成了研究的障碍。甚至在认知学科内部,这种实验方法也经常受到质疑,主要包括:实验场景不真实,材料缺少语境,实验中的测试常常包括那些带有明显意图的学习指导,而且实验任务及控制策略与现实活动少有或没有任何相似之处。但持反对意见的人则认为,不应以生态效度为由放弃实验方法,而且Neisser(1967)和Flores d'Arcais(1978)均以同声传译的研究为例,说明正在进行的研究有可能得出发挥相关作用的研究成果。同时,这些人还认为,某项研究是否可以得出具有普遍性的结论,与具体研究的生态效度同等重要(Bruce, 1985; Rommetveit & Turner, 1976; Gerver, 1971: 141; Chernov, 1979)。

同样,在口译研究中,实验程序与真实会议场景脱离也同样常被认为是破坏了生态效度(Dillinger, 1989; Gile, 1994)。任何企图"干预"场景或者材料的做法被认为有悖于研究的初衷。同声传译无疑要包括有意义的、有语境的材料;实验使用的无语境(或极少语境)的材料与多语种的会议场景相去甚远,是令人质疑的(Moser, 1976: 15)。然而,利用实验室环境,使用预先录好的文本,或是采用经过语言加工的材料,已证明在控制性实验研究中是必不可少的,可以用以考察口译活动中众多的变量因素。

最近的一项研究考察了工作记忆②(相关概念,参见

---

① "译员的传译技巧令人叹为观止,但却没有行为科学对其进行关注……该任务对于验证语言产品理解理论是具有范式意义的……几乎没有类似于在心理实验室进行测验那样的'真实生活'场景,能像译员在会场同传箱里那种场景更为真实……"(Flores d'Arcais, 1978: 386; 393)。
② Shlesinger, Miriam(准备中):《同声传译的工作记忆》,博士论文,Bar-Ilan University, Ramat-Gan, Isreal。

Baddeley & Hitch，1974）在同声传译过程中的工作方式，特别分析了发言速度的作用。该项研究的材料设计是个大问题，因为需要控制许多参数，如字词的长度与频率、语音类型、语义的隐化与显化、词性同源（cognateness）等。显然，真正会议发言是不可能提供这样足够数量的材料（整个文本、某一语段或某些语句）以满足那些预先设定的变量限制条件。因此，有两个可选方案：1）采用明确用于实验研究的非真实材料；2）根据特定实验的要求，从现有的相关语料库（或子语料库）中选出真实材料。利用英国国家语料库和推算目标语特定句串的专用书写程序，我们能够汇编一系列真实可信的语句用于实验性研究。为了达到更高的生态效度，这些汇编出的语句前后的语段（每一句前后共约40个句子）在实验设计中也应包括在内。这样，译员不是传译完全非自然的或者是脱离语境的话语，而是处理那些真实的（当然是经过精挑细选的）文本片段。

由于没有口述文本（dictated text）的语料库，辩论性文本（forensic text）的语料库研究就无法进行（Coulthard，1994）。有鉴于此，翻译文本研究有必要包括口译研究专用的（子）语料库。不难设想，这种语料库还可以成为多种语言学数据来源，用以判断不同类型的语句、话语或完整语篇，分析当前各种假设的影响因素。

4.4 小结

在口译研究中，材料的选择和收集常常是争论的焦点，使用语料库可以缓解一些最迫切的方法问题。当前，语料库翻译研究至少有一次涉及口译探索（Baker，1996）。也就是说，翻译研究方兴未艾，特别是其描述性研究范围不断扩大，口译自然已成为其中的一个分支（Holmes，1988a，1988b；Toury，1995）。将口译纳入语料库翻译研究，有助于重点研究阻碍语际交流的因素，无论具体交际模式如何（书面、口语）。同样，语料库口译研究不仅要探索翻译活动的共性，也有助于探索口译研究的特殊性。这两个目标与其母学科（翻译研究）的研究议程是非常吻合的。由此，与语料库口译研究一样，口译研究最后会"前进到学科发展的一个阶段，它准备接纳也需要语料库语言学的研究方法与技巧，以便从规定性研究跨入描述性研究，从方法借鉴上升到适当的理论构建，从个体而零散的研究得出具有强大解释力的普遍性结论"（Baker，1993：248）。

第五章
口译语料库的理论准备与实践分析

5.0 引言

20世纪末以来,语料库语言学迎来了一个新的发展高潮。语料库规模不断扩大,品种日益繁多,加工层次逐步深化,应用范围也日趋广泛,不仅在语言研究、外语教学、词典研编等领域继续显示出强大的应用价值,也逐步推广到翻译研究、自然语言工程等领域,对具体研究领域的研究方法、研究视野、研究层次均产生了显著而深远的影响(Baker, 1993; 廖七一, 2000; 王克非 等, 2004)。

相比之下,作为一种特殊的语言交际行为,同时也是翻译的一种特殊形式,口译活动迄今还远未得到语料库语言学研究的充分关注与支持,口译研究凭借语料库的丰富材料和研究手段来提高研究质量的尝试和努力也才刚刚起步,仍有许多问题亟待深入分析与讨论(Shlesinger, 1998; 胡开宝 等, 2007)。因此,在充分论述口译语料库对口译教学与研究以及语言工程的重大意义的基础上,本章以口译语料库的开发为重心,详细介绍口译语料库建设的客观环境以及总体设计原则,同时说明如何对口译语料库及以此为基础的口译研究进行正确评价,旨在引发更多关于口译语料库建设与应用的相关研究,进一步推动口译语料库的实际建设工作，促进口译研究的深入发展。

5.1 建设口译语料库的意义

5.1.1 *口译研究的新素材与新方法*

当前，虽然口译研究受到越来越多的重视，口译研究科学化、客观化的趋势也日渐明显（刘和平，2005），但口译研究依然面临着许多困惑与挑战，突出表现为口译研究的"生态效力"（Pöchhacker，2004：71）。具体来说，目前口译研究（特别是实验性研究）多使用书面体色彩很浓的语言材料，且针对具体研究目的常常进行人为处理（如词汇、句长、篇幅、语速等），而且相关研究多在语音室或实验室内进行。此外，研究对象多是口译学员，甚至是没有口译经验的人员，而职业口译人员所占比例很少。显然，以上这些研究材料与研究环境均与实际口译情景存在明显差异，具体研究结论能否如实反映真实口译过程及特点自然受到许多研究人员以及职业口译员的质疑甚至否定（Moser-Mercer，1997；Setton，1999；De Bot，2000）。由此，如何完善口译研究内部环境，加强口译研究的内在效度，进而提高口译研究结论的代表性和普遍性，已经成为当前口译研究领域的核心议题之一（Gile，1998）。

因此，开发以实际口译情景为基础、以现场口译操作为对象的口译语料库，既为口译研究提供了更客观而真实的研究素材，克服了以往研究对象与实际口译情景脱节的弊端，同时对拓展口译研究范围、深化研究层次也有重大意义。主要表现为：1）利用口译语料库，参照其他笔译语料库，以大量的实际语料和客观数据进一步描述并总结口译语言特点，深化口笔译活动的对比性研究[①]；2）对现有口译理论、观念进行实证性的验证和分析（如"释意理论""脱离源语语言外壳"在实际口译情景下的具体表现）；3）对口译策略与技巧的实证性考察与分析（如口译策略的应用程度、效果，特别是不同口译水平的人员在策略应用上的具体差异）[②]。

总之，"基于语料库的语言分析与研究已深入人心。任何对语言进行描述和分析的研究如果想得到可靠的发现，就必须以大量的客观的语言运用数据为依据"（杨惠中，2002：54）。因此，有理由相信，口译语料库必然会成为深化口译研究的一个既新颖又有力的研究工具。

5.1.2　口译教学与培训的辅助工具

当今时代，网络和语料日益发达和完善，"我们的口笔译教学或培训，将不可避免地要使用新的工具和技术，谁先迈出一步，谁就占据前沿，谁就能够获得创新的资源"（王克非等，2004：209）。因此，开发反映实际口译情景的口译语料库，不仅可以在很大程度上克服上述口译教学在材料、环境等方面"非真实性"的缺陷，使口译学员更多地获得"身临其境"的感受，还可以尝试新的教学形式与策略，活跃教学气氛，提高教学效果。如：1）语言对比式教学与实践型教学有机结合，通过对实际口译语料的具体分析，在确保语言质量的基础上，明确口译教学为实践服务的第一原则，强调具体交际情景对口译策略灵活应用与实际口译效果的重大影响，克服只

---

① 包括词汇语义类型、句子结构、篇章结构、口译语篇与一般口头表达等微观与宏观比较分析，同时也可探讨口译"普遍性"（universals）现象，并考察与笔译"普遍性"的相互关系（Baker, 2001：288-291）。
② 不同层次的口译人员在口译策略意识、口译加工程序、心理认知水平等方面的差异是当前口译研究一个热门话题。但相关研究多为经验总结或实验性数据推论，尚缺乏以真实口译实践为基础的实证性考察与分析（Köpke & Nespoulous, 2006; Pöchhacker, 2004：167-168）。

重语言分析忽略交际策略的弊端；2）口译语料库可以成为口译课堂教学中自主学习实施的理想平台。依据口译语料库，口译学习者不仅可以进行自我练习，也可进行合作式练习，结合教师讲评，学习者会更有效地发现母语与外语的差异以及转换方式，强化口译策略的应用意识（秦洪武、王克非，2007）；3）根据口译语料库，可以更客观地认识各类口译失误现象，包括其性质、原因、频率、分布，以及对口译实践效果的具体影响，从而使口译教学与培训更有针对性，根据具体的教学对象、材料以及目标，进行适时的调整，以提高实际教学效果。

5.1.3 机器口译的战略资源

机器口译（亦称为机助口译或自动口译）是自然语音识别技术与自动翻译系统相结合而形成的一种新的翻译模式，是机器翻译体系的一个重要组成部分（冯志伟，2004：56-61）。当前，机器口译的研究与应用依然处于起步阶段，还有许多困难亟待解决。首先，自然语言语音识别与合成技术尚不完善，仍期待相关领域研究获得新的突破，才能更便捷而准确地接收外部口语信息。其次，目前主要的机器口译系统仍然应用"基于规则的处理方法"（rule-based processing），而"基于语料（或例证）的处理方法"（corpus-based 或 example-based processing）还没有充分应用（赵铁军，2000：22-26）。也就是说，当前机器口译系统只是根据一般翻译规则对自然语言进行转换，而没有根据具体交际情景灵活应用各种翻译策略，影响了交际活动的实际效果。最后，由于自然语言复杂性以及口译语料的匮乏，当前机器口译仅能初步应用于电话交谈、会议安排、预订服务等特定交际场景，极大地限制了机器口译的应用范围和影响力度。

"机器翻译只有对语料库中的真实句子进行翻译研究，才有可能建立起满足现实要求的MT方法和系统。"（赵铁军，

2000：24）因此，1）开发口译语料库有利于进一步扩充机器口译所依赖的语言实践操作基础，加大基于实际语料进行翻译选择的力度，根据口译语境中的具体口译应用情况提高机器口译准确性的概率；2）根据不同交际情景或主题内容的口译语料库，可以进一步拓展口译交际场景，有利于机器口译研究获得更多样的口译语料，扩大机器口译的实际应用范围；3）开发多语种口译语料库，也有利于丰富机器口译的语料种类，便于归纳普遍性规律，完善机器口译的程序设计，保证翻译质量。

5.2 建设口译语料库的客观环境

鉴于语料库语言学研究与应用的现状，同时也考虑到口译活动的特殊性，口译语料库的开发与建设既有许多便利条件可以充分利用，也有一些特殊困难需要认真对待和解决。

5.2.1 有利条件

5.2.1.1 活跃的口译市场和丰富的口译材料

当前，各种类型、不同层次的口译活动日益频繁，口译教学与培训也日趋普及。因此，实际口译语料日益丰富，而且也越来越方便地应用于教学与研究之中，这无疑为口译语料收集提供了方便的操作环境和充足的原始素材，成为口译语料库建设的绝好时机。

5.2.1.2 语料库建设的经验

经过近半个世纪的发展与成长，特别是在与其他相关学科的相互配合过程中，现代语料库在设计、建设、维护及应用等方面都积累了宝贵的经验。其中，对应语料库（parallel corpus）及翻译语料库（translational corpus）均涉及相互转换的两种语言，与口译语料库的关系尤为密切，其样本选择策略、语料代表性、标注方法、检索工具开发与应用等原则和技术可以为口译语料库建设充分借鉴（Baker，1995；Kenny，1998c；王克非，2004a，2004b）。

5.2.1.3 现有口译语料库的经验

目前，虽然国内还没有开发出相应的口译语料库，口译语料库建设与研究的讨论也未充分展开，但日本等国家却走在了世界的前列。其实验性的口译语料库已初具规模，取得了一定的研究成果，但也存在明显不足，亟待改革和完善，也是后续口译语料库建设需要引以为鉴的地方（Cencini，2006；Toyama & Matsubara，2005；Toyama et al.，2006）。

1. 语料库代表性

以日本开发的CIAIR同传语料库为例[1]，虽然录音材料总共182小时，转写材料共计约100万字，但与当前语料库的发展规模相比，口译语料库的容量显然较小，其数据代表性自然受到较大限制。此外，该口译语料库的材料收集环境均为口译训练教室，而非真实的口译工作环境，难以客观反映实际口译操作情形。

2. 语料库加工深度

口译语料库目前主要对语料进行词法、句法等较浅层次的赋码处理，没有对口译活动中停顿、支吾语、省略等"副语言"现象进行标注。而口译实践及相关研究均显示[2]，这些丰富的"副语言"形式往往蕴涵着丰富的含义，它们不仅仅是口头语言表达的自然反映，也常常是具体口译策略应用的直接表现。通过对这些"副语言"的深入考察与分析，有利于判定口译策略的影响因素，以及这些策略的应用效果，对口译教学与实践有积极的借鉴意义。

3. 语言类型

目前的口译语料库仅为英语、日语双语对应，语种较为单

---

[1] 参见http://www.el.itc.nagoya-u.ac.jp/sidb/

[2] 参见http://cirinandgile.com/Bulletin%2032rtf.htm

一，加之语料库规模的限制，语料库的代表性还不充分，还需开发其他语种间的口译语料库，才有可能更客观地展示口译活动的规律，更充分地证实口译操作的普遍特性（universals of interpretation），即口译的"普遍性"问题。

5.2.1.4 技术保障

当前，数码式录音、录像设备日益普及，不仅可以保证原始口译语料的采集质量，也非常有利于语料的后期校对、时间标记、对齐等工作。同时，语料自动标注技术也对口译转写材料的标注加工有较大的应用价值（王克非 等，2004：21-22）。此外，自然语言工程领域内的语音识别技术也取得了一定突破，有利于口译语料的自动转换工作（倪崇嘉 等，2009）。

5.2.1.5 人员保障

目前，国内主要外语类院校和部分综合类学校的外语院系已开设口译专业课程（或建有口译系）。口译教学与研究人员的经验日益丰富，口译学员数量也逐步增加。经过语料库建设的相关学习或培训（如语料采集、转写等），通过具体的研究机制，这些人员可以成为口译语料库建设可靠的人员保障，确保相关工作的顺利开展与完成。

5.2.2 特殊困难

5.2.2.1 语料采集与转写

首先，虽然当前整体环境有利于口译语料的收集，但口译活动的时间、场所以及人员配合程度（口译员、会场主办者等）等因素依然在很大程度上限制着语料收集的顺利进行。

其次，相对于书面材料而言，口语语料库的材料收集、文字转写工作量巨大。而作为一种特殊的口头语料，口译语料涉及源语口语与译语口语两种语料，语料的采集、转写工作更加复杂、艰辛，面临着口语语料采集工作的"双重困难"（杨惠中，2002：57；Kennedy，2000：80-82）。

5.2.2.2 口译语料标注的特殊性

除对语料进行文本结构和词性标注等一般性加工处理外，口译活动的特殊性也给口译语料的标注带来了特殊的困难与挑战。

1. 语料时间切分

在口译活动中，发言人与译员的语言表达往往存在一定的时间间隔，即EVS（耳听源语到口说译语的时间）。虽然EVS并没有非常固定的范围，但EVS能较直接地反映出主题熟悉程度、译员认知素质等问题。此外，通过考察原文与译文在语言形式与语义两方面的对应情况，可有助于确定口译信息的转换单位，同时也能为客观分析口译中的"脱离源语语言外壳"现象提供实证材料。而要实现以上目标，就须对原文和译文语料进行精确的时间切分与标注，并根据具体要求进行不同层次的对齐。目前的录音设备虽然能对原始语料进行较为精确的标定，但原文与译文的起始时间差异以及具体对应单位的时间关系，仍需人工确定，这在很大程度上影响了时间切分的精确性。

2. "副语言"信息标注

如前所述，停顿、支吾语、语音拖长等"副语言"现象在口译活动中具有重大的意义，但当前的语料标注工具还不能对这些"副语言"现象进行自动标注，仍需进行人工辨别，这不仅加大了语料库的建设难度，同时人工操作也难免受到个人主观因素的影响，不利于语料加工的精确性和一致性。

5.2.2.3 源语与译语的对应层次

口译实践的特点（特别是同传）要求口译员在短时间内完成源语核心信息的有效传递，促成交际双方的交流与沟通。因此，"字字对译"或"逐句对应"并非口译实践的常态，"信息对等""功能等效"才是评价口译质量的首选因素（刘和平，2002）。因此，口译语料库不应进行"字对应"，也难以实现在笔译语料库中的"句对应"（王克非，2004a，2004b）。同时，要想实现口译语料库的"信息对应"，必须首先解决口译信息单位的划定标准、量化指标等关键问题，而上述问题迄今尚未形成定论（勒代雷，2001：15-16；蔡小红，2003）。

5.2.2.4　检索工具的研发

目前，语料检索工具已经发展成为语料库语言学中相当独立的一个研究领域（杨惠中，2002：163-196）。但现有口译语料库的检索工具主要还是应用其他语料库的一般检索工具，只能进行KWIC索引、词频、搭配、词语形式（pattern）等常规统计任务，还未能对"副语言"、时间分割等口译活动特有信息进行有效处理。因此，考虑到口译活动的特殊性，口译语料库检索工具的研发是口译语料库建设中一项非常关键而艰巨的任务，也更需要与统计学、计算语言学等相关领域的人员通力合作才有可能顺利完成。

5.3　口译语料库的总体设计与规划

作为一种特殊的语料库，口译语料库既应遵循语料库建设的一般程序（Kennedy，2000），又应反映口译实践的特殊性，从而有利于口译研究与教学以及其他相关工作。

5.3.1　口译语料库建设的一般原则

5.3.1.1　以点带面，循序渐进

鉴于口译语料收集与加工的特殊困难，口译语料库不宜简单照搬其他语料库求大、求全的建设思路，而应针对那些具有特殊性质而且操作性较强的语料进行试点（如模拟口译语料库、口译学习者语料库、专科性口译语料库等），总结经验，不断完善，再拓展为更大规模、更多样性的语料库。

5.3.1.2 语料收集与检索工具开发协同进行

考虑到口译语料的特殊性,口译语料库不宜遵循先建库、再开发检索工具或软件的通常程序,而应坚持在语料收集的同时着手进行检索软件的研制。这样,通过收集语料,分析总结未来进行检索的项目与程序,同时,检索工具也可在实际语料中进行检验,不断改进。

5.3.1.3 口译学习者语料库与真实口译会场语料库同步建设

口译语料库建设的核心目的之一是促进口译教学改革,提高口译教学效果。因此,一方面,可依据有利的口译教学环境,进行口译学习者语料库建设。另一方面,开展真实口译场景下的语料收集与整理工作。两者相互配合,既考察教学环境与真实环境下口译操作的差异,为口译教学改革提供客观参考数据,又可将两类数据进行整合分析,促进语料库的整体建设。

5.3.1.4 语料库建设与研究

参照现有口语或书面语料库的研究成果,结合口译实践特点,在语料库建设过程中,开展实验性研究或应用性研究(如口译教学),一方面检验具体语料与口译经验性认识以及相关理论是否吻合,另一方面及时调整语料收集及加工工作,提高口译语料库的代表性。

5.3.2 口译语料库的设计构想

5.3.2.1 口译语料库的性质

口译是一种特殊的翻译活动,涉及源语与译语的口头表达与转换。因此,口译语料库属于翻译语料库。同时,根据语料的对应层次,口译语料库也是对应语料库的一种(王克非 等,2004:6-7)。

5.3.2.2 口译语料库的建设目的

口译语料库可以辅助实际口译教学,丰富教学手段与形式，改善教学效果。同时，口译语料库能够充实口译研究的真实语料基础，并且以科学的统计与分析方法获取客观的数据，深化口译研究层次，提高口译研究结论的代表性。此外，口译语料库可用于完善机器口译设计，改进机器口译的翻译质量。

5.3.2.3 口译语料库的类别

1. 语料来源

根据语料的不同来源渠道，口译语料库可分为现场口译语料库（包括现场录音、已出版现场口译实录等）、模拟口译语料库（包括模拟会场、口译训练室录音等）两类。

2. 语料内容

根据口译主题，可分为百科性、专科性两类口译语料库。

3. 口译方向

根据口译语言转换方向，可分为双语单向对应（如英→汉或汉→英）、双语双向对应（如英→←汉）两类（王克非 等，2004：6-8）。

4. 口译人员

根据口译员实践水平，可分为专业口译员语料库和口译学员语料库（或称口译学习者语料库）（杨惠中，2002：42；53；60-81）。

5. 工作方式与应用场合

目前，出于语料收集、研究目的等因素的考虑，口译语料库以会议同声传译为主要对象，很少涉及其他场合下的各种类型的口译活动。①

---

① 根据具体工作方式（working mode），口译一般可分为同声传译（simultaneous interpreting）、交替传译（consecutive interpreting）、视译（sight interpreting）、耳语口译（whisper interpreting）等；根据口译应用场合，口译可分为会议口译（conference interpreting）、社区口译（community interpreting）、联络口译（liaison interpreting）、随同口译（escort interpreting）等（Pöchhacker，2004：9-25）。

5.3.2.4 口译语料库的规模

考虑到口译语料采集、转写、标注等方面的特殊困难，口译语料库当以中、小型较为适宜（如50~100小时、100万字词以内），在此基础上，积累经验，逐步完善，再尝试建立较大规模的口译语料库。

5.3.2.5 取样策略

鉴于口译文本多为中、短篇幅（一般会议、研讨发言多为15~30分钟、3000~5000字词），因此口译语料取样一般为全文收录。当然，结合录音效果、主题内容等因素，也可采取抽样策略。

5.3.2.6 语料的编码与标注

1. "副语言"标注

如上所述，"副语言"信息是口译语料标注的一项关键内容，应该充分借鉴口语语料库对口语信息标注的成功经验，探索适合口译特点的"副语言"标注策略。目前，可考虑先借用国际通行的编码语言XML中的部分形式，对口译"副语言"进行特殊标记（常宝宝 等，2003）。这样，一方面可以推动口译语料库的建设，另一方面也可利用现行的基于XML编码语言的检索工具，对口译语料库进行后续的检索或验证。

2. 超语言信息标注

除基本的词性标注外，口译语料的超语言标记不仅应该包括译者信息、时间、地点、口译活动组织者等信息，还应考虑包括反映口译交际特色的其他信息，如源语发布形式（自由发言、提纲式发言、带稿诵读等）、场景（会议口译、社区口译等）、工作形式（同传、交传等）、口译听众性质（知识背景、目的、外语水平等）、技术设备（传统会场形式、远程口译（如电视、电话、网络等））等。

5.3.2.7 语料逻辑结构

根据双语语料库建设中通行的结构安排，结合口译实践特点，口译语料库可由多组相互链接的文档组成（见图5.1）。

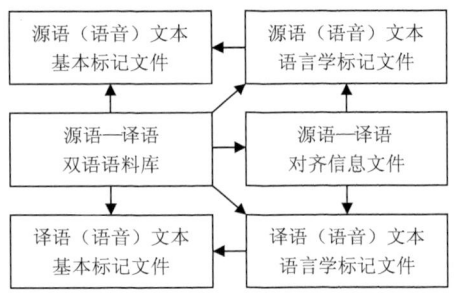

图 5.1　口译语料库的逻辑结构

5.4　语料库口译研究的客观评价

首先，语料的代表性是任何语料库评价过程中首要考虑的一个因素，因为"语料库是否具有代表性直接关系到在语料库基础上所做的研究及其结论的可靠性和普遍性"。（杨惠中，2002：133）除语料规模的限制外，口译语料库在语料加工层次、口译场景（现场口译、模拟口译）、口译人员实践水平（专业、学员）等方面也受到其他语料库所没有的限制，这些因素无疑会影响具体口译语料库反映实际口译操作的程度，进而会限制以具体语料为基础的口译研究结论的代表性。

其次，就方法论而言，语料库研究是描写性质的，再大的语料库也不可能覆盖语言实际应用的全部。因此，"基于语料的分析应该被视为其他更传统的方法的一种补充，而不是一种唯一正确的方法"。（Biber et al., 2000：9-10）语言研究中实证主义和理性主义（即对语言现象的直觉判断与理性分析）的方法相互结合，才有可能揭示语言现象的实质。因此，作为一种新颖的研究工具或手段，口译语料库可以拓展研究视野，深化研究层次，但绝不能完全代替其他口译研究方法（如内省、观察、调查、实验等，参见Gile，1998）。相反，只有根据具体研究问题和研究目的，将口译语料库与其他各种研究方法有机结合，才有可能更有效地提高口译研究质量，进一步揭示口译活动的本质特征。

5.5 小结

应该承认，"理论体系的多元化、研究视野的开放性以及研究领域的综合性是翻译学发展的主要特征"。（杨平，2004）因此，将语料库语言学与口译活动有机结合，创建具有教学与研究多重用途的口译语料库，不仅符合翻译学科发展的大方向，更应该成为语料库建设与应用性研究的一个新课题，受到更多的关注与支持。而且，口译语料库的开发与建设，不仅对提高口译研究质量、促进口译教学改革、完善机器口译研究与应用有重大意义，也必然对丰富语料库类型、扩大语料库应用研究范围、深化语料库研究层次起到积极的促进作用。

第 三 篇
口译语料库的建设与研究

　　第三篇着重介绍国内外口译语料库的建设与相关研究，包括七章。第六章对口译语料库的建设及研究进行整体分析，重点说明口译语料库建设的相关技术标准、存在的困难及相应方案，同时概要描述语料库口译研究的研究选题。第七章重点阐述语料库口译研究的总体原则与方法，强调语料库方法与技术与其他多类型方法相结合的重要性，同时客观评价语料库口译研究的利弊得失。第八章以中国汉英会议口译语料库的建设为对象，着重分析该语料库的语料收集程序、加工标准及相关研究，为后续建设与研究提供中国本土式借鉴。第九章侧重语料库的材料转写，强调口译语料库建设中语料转写的关键作用，并通过例证分析，明确了复合性语料转写与标记对未来口译语料库建设的启示意义。第十章介绍语料库口译研究的微观探索，以汉英口译语篇意义显化为例，强调了语料库对提升口译研究层次的意义与潜势。第十一章以欧洲议会口译语料库（EPIC）的建设为对象，介绍国外学者在口译语料库建设中的探索与成就，强调口译语料库建设与加工区分行业特性、专业特色的必要性。第十二章以 EPIC 为基础，对以词汇密度为代表的口译文本特征进行了微观考察，对既往研究结论既有验证，又有延伸，推进了语料库口译研究的发展。

口译语料库的建设与研究：历史、现状与未来

6.0 引言

谈到现代科学技术对翻译教学与研究的影响，王克非曾指出，"我们的口笔译教学或培训，将不可避免地要使用新的工具和技术，谁先迈出一步，谁就占据前沿，谁就能够获得创新的资源"（王克非 等，2004：209）。因此，开发建设并积极应用以教学实践及研究为目标的语料库，已经成为翻译教学与研究领域的一个核心议题，相关研究成果日益丰富，对翻译教学与实践的积极作用也得到广泛认可（王克非，2004a，2004b；秦洪武、王克非，2007）。

作为一种特殊形式的翻译，口译也正在成为语料库建设与研究关注的对象。当然，相比笔译语料库，口译语料库的建设与相关研究刚刚起步，表现出的缺陷更加突出（Shlesinger，1998；胡开宝 等，2007；张威，2009a；胡开宝、陶庆，2010）。因此，我们更需要就此做出全面而客观的总结与梳理，既要归纳口译语料库建设与研究所取得的成果，也要明确存在的不足，更要通过分析其中的原因，对口译语料库研究的发展方向、研究重点、实施战略等内容进行详细论证，这样才能进一步强化口译语料库对口译研究的意义，明确口译语料库研究的方向与重点，提升研究质量，同时引发对口译语料库研究更多的关注，最终有利于提高口译研究在翻译研究中的地位与影响。

6.1 语料库口译研究综述

从Shlesinger于1998年首次提出开展基于语料库的口译研究，到日本、意大利等国研究人员率先于2003~2005年期间先后建立了数个不同类型的口译语料库，再到基于语料库的口译研究陆续展开，迄今为时不过十余年。口译语料库的建设与相关研究一方面取得了阶段性的研究成果，显示了依托大型语料库拓展口译研究视野、深化口译研究层次的效果，另一方面也凸显出在语料收集、整理加工、研究范围与质量等方面存在的缺憾。现分述如下。

6.1.1 口译语料库的开发与建设

整体来看，国外关于口译语料库的讨论与建设起步于20世纪末（Shlesinger，1998），目前已有几个较为成熟的语料库（李婧、李德超，2010）。首先，日本名古屋大学设计开发了涉及英日两语的同传语料库（Simultaneous Interpretation Database of Nagoya University）。该语料库采编口译录音材料总共182小时，转写材料共计约100万字，是目前世界上规模最大的同声传译语料库。其次，意大利博洛尼亚大学研究人员开发了"欧洲议会口译语料库"（European Parliament Interpreting Corpus，简称EPIC）（Monti *et al.*，2005），是对欧洲议会同声传译材料的汇集与转写，是一个包含英语、意大利语、西班牙语的多语平行语料库（multilingual parallel corpus），目前库容量约为18万字。最后，国外其他在建的口译语料库还包括：DIRSI（"同声传译方向性语料库"），语料场景为国际健康会议，采编录音约20小时，容量约13万字；"K2口译语料库"，涉及医院情景下的口译活动，容量为16万字；"K6口译语料库",涉及环境保护议题,容量为3.5万字;FOOTIE("2008欧洲足球冠军杯新闻发布会口译语料库"),主要收集新闻发布会上的同传语料。

就国内而言,关于口译语料库建设与研究的相关文献2007年以后才逐步出现(胡开宝 等,2007;张威,2009a;文秋芳、王金铨,2009;胡开宝、陶庆,2009,2010)。目前已进入研究与应用阶段的口译语料库是由上海交通大学研发的"汉英会议口译语料库"(Chinese-English Conference Interpreting Corpus,简称CECIC),以国内外新闻发布会口译活动为对象,设计为平行语料库,包括汉英口译语料库、英语源语语料库、汉语源语语料库三个子库,目前容量约为54万字(胡开宝、陶庆,2010)。

值得注意的是,国内部分研究冠以"口译语料库"的名称,但实际并未严格依照语料库语言学通行的TEI或SGML模式(McEnery & Wilson,1996;Tognini Bonelli,2001;胡开宝、陶庆,2010)对口译中的源语与译语文本进行转写、词性附码、标注等加工处理,而主要是对口译练习材料(音频或纸介)的收集与分类整理(部分也做了篇头标注,如作者、标题、日期、材料来源、性质等)。主要目的是为口译教学与培训提供多样化的语言素材,同时完善口译教学手段,改善口译教学效果(王斌华、叶亮,2009;陈振东、李澜,2009;陶友兰,2010)。因此,这些口译语料库无法严格依据语料库语言学的统计程序与方法,对口译文本特征进行量化描述与分析,难以支撑严格意义上的语料库研究与探索。此外,一些口译语料库虽然依据语料库语言学标准对口译语料进行了标注,但其口译语料来源于学生英语专业八级口语测试,而非真实口译情景或实际口译学习环境(文秋芳、王金铨,2009),数据性质以及基于该数据的研究结论是否能够客观反映口译学习与实践情景,尚待实证研究加以分析。

6.1.2 基于语料库的口译研究成果分析

伴随着口译语料库的讨论与建设，相关研究也相继展开，积累了部分实证数据，对口译文本特征、口译操作程序、口译策略特征与效果等问题进行了初步量化描述与分析。现从研究主题、研究人员、研究策略、研究重点等方面归纳如下。

6.1.2.1 研究主题

1. 口译文本的语言特征

对翻译文本语言特征的量化描述与分析，一直是语料库翻译研究最成熟的研究领域之一。[①]相应地，目前对口译文本语言特点的分析最为集中，许多工具和程序都从笔译语料库研究中直接借鉴而来（Bowker, 2002; Laviosa, 2002）。

首先是通过对口译转写文本的统计分析，对口译的词汇特征进行了归纳与总结，主要包括：利用类符/形符比分析口译文本的词汇密度与变异（lexical density and variety）、口译高频词汇、词语索引、词语搭配、词汇相似性与陌生性（lexical similarity and dissimilarity，考察交传情景下，原文本与口译文本在词汇相似性方面的差异）、前缀与后缀的应用、词语同现（co-occurrence）（Shlesinger, 1998; Dam, 2002; Russo et al., 2006; 胡开宝、陶庆, 2010）。

其次是基于上述口译词汇特征的描述，对口译文本的语法结构以及口译文本的普遍性进行了探索，主要包括：口译文本中语态类型的应用、口译文本的语篇模式、口译文本表现出的"简化性"普遍特征等（Shlesinger, 1998; Bendazzoli &

[①] 当然，除了对翻译文本的语言特征进行细致的量化分析外，当前语料库语言学也逐步应用到对翻译文本的文体学研究的层次，为文体学研究提供了一个新的途径与视角（Seminl & Short, 2004; 卢卫中、夏云, 2010）。

Sandrelli, 2005, 2009；胡开宝、陶庆，2010）[①]。

2. 口译操作过程的观察与分析

通过对口译文本的量化分析，口译操作的方式与处理策略成为研究关注的焦点，主要包括：

1）同传的"间断性"（disfluency），也就是同传中的停顿。主要考察停顿的长度、停顿前后的语言特征、停顿对听众反应的影响等（Bendazzoli & Sandrelli, 2009; Toyama & Matsubara, 2005；戴朝晖，2011）。研究发现，就即席材料而言，同传停顿越少，听众认为信息接受效果越好。就准备好的发言稿而言，停顿长度与听众评价没有明确关系。此外，目标语的韵律与口译员停顿的规律性对听众的影响比较明显。

2）同传中对原文隐喻的处理（Spinollo et al., 2010）。应用EPIC语料库，考察比喻性表达在口译中的处理方式与效果。结果发现，如果原文有大量比喻性表达，则口译文本会出现许多犹豫、错误或模棱两可的说法，说明比喻表达难以有效转换。

3）口译语速分析（Ryu et al., 2009）。应用日本名古屋大学同传语料库，重点考察同传译员的语速问题。结果发现，口译员语速与发言人语速并无显著相关性。源语发言结尾时，语速较快，而在源语停顿期间，口译员语速则较快。

4）口译操作中自我修正（self correction）的机制与表现（Fellus, 2005）。研究发现，在同传中，语言方向、目标语类型以及语境因素对同传自我修正有明显影响。如，大多数自我修正（75%）发生在外语—母语同传中，是母语—外语同传

[①] 翻译研究显示，翻译文本主要表现出简略化（simplification）、明朗化（explicitation）、规范化（normalization）等"翻译普遍性"（universals of translation）(Baker, 2001: 288-291)。而且，有研究显示，口译活动中，特别是在同声传译中，由于即时传译而形成的时间压力往往令压缩、省略等现象比明朗化、规范化等现象更为普遍（同上：82）。

的自我修正的三倍。引起自我修正的语言现象主要包括：反义词、数字、专有名词、地理和国家名称、单复数转换、隐喻表达等。

5）同传中的延迟现象（Takahiro et al., 2008）。利用日本名古屋大学口译语料库，考察日语与英语同传中的延迟现象[①]。结果发现，日英同传中的延迟要长于英日同传。此外，日英同传中，名词翻译的延迟要长于动词翻译的延迟，在英日同传中则正好相反。

6.1.2.2 研究人员

目前，进行口译语料库建设与相关研究的人员均是一线口译员，教学与研究经验也比较丰富，是比较理想的"从业研究人员"（practisearcher）（Gile, 2000），能够一定程度上提高口译研究的"生态合理性"（指研究材料、研究场景、参与人员等因素与真实口译实践的特点基本一致）（Pöchhacker, 2004: 71），较好地保证研究结论的代表性，这是不同于以往口译研究的一个显著特点。以往口译研究人员多为教育或研究机构的教师或专业研究人员，虽然他们有较深厚的学科理论修养和系统的研究方法意识，其中也不乏口译实践与教学经验丰富的人员，但整体上缺乏与职业口译员的联系与交流，也很少邀请职业译员参与研究项目，因此他们的研究程序与结论（尤其是非真实口译情景下的实验性研究）往往受到职业译员的质疑（Gile, 2000）。

6.1.2.3 研究策略

就研究策略而言，目前基于语料库的口译研究主要表现出

---

① 在同传中，虽然看似译员听与说同时进行，但实际上，译语产出与源语听辨之间总有一定的时间间隔（time lag），即 EVS（ear voice span），指耳听源语到口说译语的距离。虽然 EVS 并没有非常固定的范围，但 EVS 能较直接地反映出主题熟悉程度、译员认知素质等问题。

以下两个特点：一是绝大多数研究遵循"建设语料库、研究语料库"的原则，依托现有的口译语料库（如EPIC），充分利用大规模数据统计与分析，对具体问题进行量化描述。同时，部分研究开始尝试建设小规模的口译语料库，并借此对研究主题进行描述与分析（如Fumagalli，1999–2000；参见Bendazzoli & Sandrelli，2009；Fellus，2005）。这些研究一方面具备个案研究精细分析的特点，另一方面也借鉴了语料规模化分析的优势，研究程序严谨，研究结论有一定代表性。二是能够熟练地掌握语料库语言学的分析原则和方法，量化统计与分析的程序和标准日趋成熟，对提高研究结论的代表性有明显的促进作用。

6.1.2.4 研究重点

一方面，根据语料库语言学大规模量化描述与分析的特点与优势，当前基于语料库的口译研究集中关注口译文本的语言特征以及口译操作特点，兼有"产品导向"（product-oriented）与"过程导向"（process-oriented）的特点（Holmes，2000），既讨论诸如口译词汇特点、口译加工策略等微观现象，也关注如口译文本普遍特性等宏观特征，对口译文本及口译加工过程进行了较为全面的探索与分析。

另一方面，除个别研究尝试分析交替传译的文本特征及翻译策略外（Dam，2002），目前基于语料库的口译研究仍然以同声传译为考察对象。此外，相关研究以会议口译为主，很少关注"社区口译"等其他类型的口译活动[①]。

[①] 当然，有研究认为（Shlesinger，1998），对同传的语料库研究结论同样适用于交传，而且利用语料库对会议口译的观察与分析，所得结论也可以解释其他形式的口译活动，如法庭口译、商业谈判中的联络口译。但这一结论尚待实证研究证明。

6.1.3 当前口译语料库建设与研究的缺陷

6.1.3.1 语料库设计与建设的局限性

1. 语料库规模

语料库语言学的基本应用原则是，利用大规模的语料收集与分析，提高对语言认识的准确性与代表性（Tognini Bonelli，2001）。因此，语料库的规模就成为制约语料代表性的一个关键因素，也是影响基于语料库的相关研究科学性的一个重要因素[①]。相对于当前笔译语料库上千万词规模的发展趋势，现有口译语料库的规模显然太小，相关统计数字的客观性与普遍性难以充分保证，也难以有效支撑对口译文本特征及口译操作特点的研究结论。

2. 语料加工方法与层次

当前的口译语料库主要对语料进行词性、句法等传统意义的赋码处理，没有对口译活动中停顿、支吾语、省略等"副语言"现象进行标注，这是当前口译语料库建设中的一个重大缺陷（Shlesinger，1998）。因为口译操作中的语韵特征（prosodic feature）是区分口译与其他口语活动的关键标志（Shlesinger，1994；Williams，1995）。此外，这些丰富的"副语言"形式往往蕴涵着丰富的含义，它们不仅仅是口头语言表达的自然反应，也常常是具体口译策略应用的直接表现。对这些"副语言"的深入考察与分析，非常有利于判定具体口译策略的影响因素，以及这些策略的应用效果，对口译教学与实践有积极的借鉴意义。

[①] 严格来讲，语言的实际使用与发展是一个开放过程，我们不可能真正获得理论意义上的语言全貌。因此，除语料库规模外，根据具体研究目标，辅之以科学的语料抽样与统计，经过严谨的标注与赋码，语料库的代表性是可以有效保证的（许家金，2003；梁茂成，2010；李德俊，2007；蒋林、金兵，2007）。

3. 口译语料库检索工具的开发

当前,各国口译语料库尚未开发针对口译操作特征的语料检索工具,只是简单地借用笔译语料库现有的检索工具(如WordSmith,TACT,ACAMRIT,VocabProfile,LEXA,MicroConcord,WORDCRUNCH,WINMAX等;参见何安平,2004),只能对口译语料进行基本的关键词、高频词、词汇密度等检验,依此而得出的关于口译文本特征的描述与推论,其客观性与代表性尚待充分验证。

6.1.3.2 语料库研究的局限性

1. 研究规模

目前研究规模较小,产生的数据基数非常有限,难以支撑相关结论的代表性。同时,针对同一口译主题的研究数量更为有限,难以验证研究程序的科学性以及研究结论的普遍性。

2. 研究范围

研究范围比较狭窄,过于关注口译文本特征的分析,对口译策略在口译实践中的应用情况及效果,没有进行系统而客观的描述。同时,也没有充分考察口译语料库在口译教学与培训中的作用,研究的实际应用价值受到一定影响。

3. 研究手段

研究手段相对单一,过于依赖甚至"迷信"语料库的描述方法与统计程序,没有尝试结合访谈、调查、观察、实验等其他定量与定性研究手段,对具体研究结论进行"多维"验证(张威,2009a)。

4. 语料来源

目前语料来源较为单一,多为会议口译或个别职业口译员的个人表现,尚未建立较大规模的口译学习者语料库,难以客观反映口译学习过程的特征与变化情况,不利于口译语料库与口译教学与培训的结合。

5. 资源共享

除EPIC等少数语料库外，其他口译语料库仅为部分研究机构及研究人员所用，没有对所有研究人员或其他公众开放，也没有形成商业化经营。不仅语料库的影响力受到限制，其他人员也不能针对具体问题进行重复性研究或证实，不利于核实具体研究结论的普遍性与代表性。

6.2 语料库口译研究的发展趋势

基于上述对口译语料库研究的总结，特别是考虑到目前存在的不足，我们认为，应该在语料库建设、研究设计、研究领域等三个方面重点探索，以期获得突破性进展，以完善口译语料库的建设，提高相关研究的质量。

6.2.1 口译语料库的建设与完善

6.2.1.1 多类型口译语料库的建设与完善

首先，应该实现口译语料库结构模式的多样化，可以包括口译平行语料库（parallel interpreting corpus）、口译比较语料库（comparative interpreting corpus）、多模式翻译语料库（intermodal translation corpus）（Shlesinger，2008）等。

其次，可根据不同标准，分别建立不同性质的口译语料库，如不同口译方式的口译语料库（同传语料库、交传语料库）、不同口译主题的口译语料库（政论、科技、经济、教育等）、不同口译场景的口译语料库（会议口译语料库、社区口译语料库）、不同口译环境的口译语料库（模拟环境口译语料库、现场口译语料库）、不同口译人员的口译语料库（口译学习者语料库、职业口译员语料库）等。

6.2.1.2 加工层次与赋码标准

首先，对副语言信息的赋码应该是口译语料库建设与研究下一阶段重点解决的问题。令人振奋的是，源语口语中副语言信息以及音段、超音段的研究与标注已经引起相关研究人员的重视，可以尝试将其中的方法与工具用以分析口译文本的副语言信息（胡开宝、陶庆，2010；许家金，2003），再根据口译操作的特点，争取开发出适于口译特点的副语言标注工具与程序，从而深化并丰富口译语料的加工层次与类型。

当然，关于副语言标记与转写的具体方法，目前还没有统一的标准。有的涉及发音错误词汇、截断词汇、停顿、发音含糊词汇，有的包括口误、修正、重复、笑声、言语打断，有的甚至考虑语音质量（如音长、音高等）（卫乃兴 等，2007；张威，2010：82-83；胡开宝、陶庆，2010）。但一般而言，对语言交际意义有重大影响的副语言主要涉及停顿、犹豫、支吾语（语音不清）、音高、语速等（曹合建，1997），这些应该是口译语料库转写过程的重点。

其次，对齐层次与标准。口译实践（特别是同传）的特点要求口译员在短时间内完成源语核心信息的有效传递，促成交际双方的交流与沟通。因此，"字字对译"或"逐句对应"并非口译实践的常态，"信息对等""功能等效"才是评价口译质量的首选因素（刘和平，2002）。因此，口译语料库不应进行"字对应"，要实现笔译语料库中的"句对应"也有相当难度（蔡小红，2003；王克非，2004b）[1]。因此，可考虑借鉴语言学关于信息单位的界定与分析的相关结论（任绍曾，2010），解决口译信息单位的划定标准、

---

[1] 从技术角度讲，对笔译语料库而言，实现原文与译文的句级对齐，目前已不算是个大问题。虽然对句子定义的界定、句子界限的划分，特别是英汉或汉英转换中句子层次的"对等"问题，目前依然存在一些争议（姜望琪，2006；蒋坚松，2002），但对口译实践而言，源语信息的完整性保持以及时性传达是最关键的。很多情况下，对原句部分结构或信息的调整（如省略、组合、解释等）也是很常见的，甚至是一种有利于提高现场口译实践效果的策略。因此，在口译实践中，简单地对照原文句子来确定译文句子，不仅技术上难以实现完全"对齐"，而且也不符合口译实践操作的特点与要求（Gile，1992）。

量化指标等关键问题，以实现口译语料库的"信息对应"[①]。

具体来说，功能语言学认为，在具体语言交际场景下，交际活动产生的语言信息可以切分为有明显语言标记的信息单位，即由旧信息和新信息组成（Halliday & Matthissen，2004）。旧信息指已知或可以预期的信息，而新信息指新出现的或无法预期的信息，而且一般情况下，旧信息在前，新信息在后，两者相互衔接，彼此作用，产生了语言学意义上的信息。同时，信息单位又区别于说明语法结构的小句系统（即主位系统）：信息单位可以与小句系统的语言结构一致，即以小句为基础分析话语的信息内容，但信息单位也可以突破句子范畴，以自然语调为划分依据（Halliday & Matthissen，2004）。

因此，要实现口译语料库的"信息对应"，可以考虑以下几个步骤：

1）对源语与译语语料进行严格文字转写，作为后期信息对应的基础；

2）在对源语与译语语料进行基本语言标注（如词质）的基础上，根据信息的性质对新旧信息进行标注；

3）确定源语信息主题内容及分布状况，确定若干明显的意义段落，以备后期判断译语信息传达的完整性；

4）根据源语信息单位的构成及信息内容，确定译语中相应信息的保持情况。这里要注意，在相应的时间范围内（特

[①] 在语料库语言学家看来，语言的"信息单位"或"意义单位"（unit of meaning）可与"词项"（lexical item）互换使用（Sinclair, 2007），即语言中大量的意义单位存在于搭配与短语中，但这并不排斥单个的词语也会构成独立的意义单位。而且，技术上，语料库检索工具可以凭借"多词序列"的方法方便地查询搭配与短语的应用情况（梁茂成 等，2010：13）。当然，关于"意义单位"的界定与量化分析，目前依然存在分歧，许多问题有待进一步理论阐释与实证描述（梁茂成 等，2010：189）。

别是同传的即时性特点，要求译语与源语基本保持时间上的同步），源语某一个信息单位及其内容可能在译语中有缺失，但这并不意味着源语信息的损失。要在较大意义段落中，甚至在整个语篇中，去判断所失信息的重要性，这样才有可能对口译质量有更客观的分析与评价。

6.2.1.3 检索工具的研发

现有口译语料库的检索工具主要还是应用其他语料库的一般检索工具，只能进行KWIC索引、词频、搭配、类联接等常规统计任务，还未能对"副语言"、时间分割等口译活动的特有信息进行有效处理。因此，考虑到口译活动的特殊性，口译语料库检索工具的研发应该是未来口译语料库建设中一项非常关键而艰巨的任务，其成功与否直接关系到口译语料库的实际效果以及相关研究的质量（胡开宝、陶庆，2010）。

6.2.2 基于语料库的口译研究的思路与方法

6.2.2.1 验证性与探索性相结合的实施思路

就属性与方法特征而言，语料库语言学属于描述语言学的范畴，而语言研究（包括语料库语言学）的终极目标是为了解释语言的生成过程与实际应用（卫乃兴，2009）。因此，以大规模的实际口译操作语料为基础，口译语料库研究一方面应该对既有理论、概念、术语、实践规范（口译策略）以及口译教学策略与方法，进行实证性分析，考察相关理论和概念在口译实践中的具体表现，检验其合理性以及在具体语言环境中的适用程度；另一方面，应该合理利用语料统计与概率分析，对口译文本的特征、口译操作机制、口译转换策略等问题，进行归纳与总结，探索相应的规律与特点。

6.2.2.2 研究与教学相互促进的价值取向

当前，语料库语言学的一个重点发展方向是如何将大规模鲜活语言材料的细致分析应用到语言教学过程中，最终提高语言学习与应用的效果。因此,基于口译语料库的相关研究应该注重研究主题在口译教学或口译实践中的应用价值,特别要强调对口译学习者的参考意义,既要明确高质量口译操作的基本要求与特征,也要分析口译失误的表现与原因,以期最终提高口译实践效果。

6.2.2.3 多种研究方法综合利用的设计方案

鉴于口译实践操作的复杂性与多变性,语料库的研究方法应该与访谈、调查、观察、实验等其他定量与定性研究工具有效结合,获取多种类型的数据基础,共同对口译现象进行系统而全面的描述与分析(张威,2009a)。

6.2.3 基于口译语料库的研究应该重点突破的几个领域

整体而言,语料库语言学的研究目的与应用领域应该包括:对语言实际应用的细致而系统的描述与分析,特别是对语言基本特征(如文体特征、语篇组织特点等)的归纳与探索,对语言交际策略及其应用效果的全面总结与客观解释,对语言学理论(包括语言生成、语言应用以及语言教学)的验证与反思等(Kenny,1998b,1998c;Biber et al.,2000;廖七一,2000;杨惠中,2002)。因此,基于口译语料库的口译研究未来应该着重解决以下几方面的议题。

6.2.3.1 口译文本的语篇特征分析

对文本的语言特征进行细致而系统的统计与分析,是语料库技术设计与应用的长项。口译语料库研究无疑应该充分利用这一优势,对口译文本的语言特征进行更为细致的描述与系统分析,从而为客观认识口译活动的语言特质,特别是为准确判断口译实践效果,最终为提高口译教学与实践质量,提供系统而全面的数据支持。为此,口译文本的语篇特征分析可以主要包括如下内容:口译文本的衔接形式与特点(Shlesinger,1998)、口译文本的语义关键词分析(参照原文关键词做对比分析，对口译质量评估有一定辅助意义）、口译文本"普遍性"的重复验证（如口译文本的明晰化、简洁化、规范化等特征）、口译的文本类型特征与互文性特点（Alexieva，1991；Hatim & Mason，2002；Pym，2010：78-80）。

6.2.3.2　口译实践策略分析

首先，利用口译语料库的文本对比分析方法，可以对诸如重组、预测、省略、增补、解释、填充（filler）等口译策略在口译实践中的频率、分布状况，进行客观描述，明确其具体使用效果，不仅对口译教学与实践有重要应用价值，也可用于分析口译认知机制，如通过考察口译省略现象分析认知记忆因素在口译操作中的性质与作用（Kohn & Kalina，1996；Kalina，2005；Riccardi，2005）。

其次，翻译单位一直是翻译实践教学与翻译理论思考的一个焦点议题，目前依然没有形成一致的意见（曾利沙，2003）。鉴于口译实践在时间性、信息性等方面的特殊性质与要求，口译转换的单位必然不同于笔译操作（赵军峰，2005）。因此，借助于口译学习及口译实践的真实语料，对比分析原文与译文在信息与意义方面的对等层次与实际效果，将有利于分析并解释口译实践操作中各种翻译单位（如词（组）、句子、语篇等）的应用情况及具体效果[①]，促进口译教学的改革与口译实践水平的提高。

最后，口译实践与研究证实（Moser-Mercer et al.，1997；Liu et al.，2004），口译学员的口译学习过程与专业口译员的口译表现具有同样的研究价值。而且，口译学员人数较多，相对容易进行集中（或长期）观察与分析，研究数据与结论能够较

[①] 部分研究人员认为，可以借助认知心理学关于信息"组块"（chunk）的概念，确定口译转换的语言单位。但目前这些依然是理论上的分析，实证数据尚待收集并加以证明（杨承淑，2010）。

为客观地反映口译学员群体的普遍特征。因此，建立口译学习者语料库（或包括职业口译员在内的综合语料库），对比考察口译学员与职业口译员在口译策略、口译质量等方面的差异，能够全面显示口译学习与实践对口译技能发展的影响，对口译教学与培训有明显而实际的启示意义和应用价值。

6.2.3.3 口译相关理论与术语的验证与发展

许多学者认为（Shlesinger，1998；Gile，2000；刘和平，2006），应该充分利用实验、观察、语料库等多种手段，获取客观实证数据，验证既有口译理论或术语，深化对口译操作本质特征的认识。

因此，针对巴黎释意派提出的"脱离源语语言外壳"的观念[①]，一方面，可以通过口译语料库中原文本与口译文本的对比分析，包括省略、替代等各项策略的应用情况（张威，2009b），另一方面，可考虑通过对口译文本中核心短语的提取与统计分析[②]，判断口译文本对原文本的偏离程度，以考察"脱离源语语言外壳"在口译学习与实践中的实际状况。

此外，通过对原文本与口译文本的差异性的大规模对比分析，特别是口译信息错译、漏译等现象，一方面可以判断口译策略应用及口译质量，另一方面，也可据此验证Gile（1995）提出的口译认知资源配置理论（Efforts Model）在口译实践中的表

[①] 塞莱斯科维奇（Seleskovitch, D.）等人提出的翻译"释意理论"（Théorie du Sens），特别是其中涉及口译操作的"脱离源语语言外壳"思想，是当前最有影响的口译理论之一，同时也是争议最多的理论之一（张吉良，2010）。"释意理论"认为，口译的基本程序是：首先，译者接收源语信息，并结合已有认知知识，理解源语所包含的意思；其次，所理解的意思"脱离"源语语言形式的"载体"，也就是"脱离源语语言外壳"，成为大脑认知记忆所存储的命题表征；最后，将这些意思或命题表征以另一种语言表达形式传达出去，完成翻译过程（Seleskovitch，1975/2002）。

[②] 关于语料库语言学对短语的性质与作用的认定，以及短语提取与分析的技术方案，参见卫乃兴（2009）。

现，并对Wu & Wang（2009）的修正方案进行实证考察与分析。

6.3 小结

将语料库语言学的理念与方法引入翻译教学与研究领域，是翻译学科发展的一个战略方向与重点（王克非，2004a）。同样，口译语料库的建设与相关研究，也必将是口译教学与研究未来发展的一个核心。目前来看，口译语料库建设与相关研究的重点主要体现为：一方面，扩大语料库规模、丰富语料类型、深化语料加工层次、提高语料加工精确度，从而完善口译语料库的建设，提高语料库的代表性；另一方面，应该拓展研究视野、丰富研究主题，同时应用多种研究方法进行综合考察与分析，加强跨学科合作与交流，从而提高基于语料库的口译研究的质量。这样，作为口译教学与研究的一个重要途径与手段，口译语料库的建设才能更趋成熟，基于口译语料库的教学与研究质量才能不断提高，口译教学与研究的整体影响力才会进一步扩大。

语料库口译研究的原则与方法

7.0 引言

当前,语料库语言学方兴未艾,语言学及相关学科正经历着一场深刻变革,不仅表现在研究理念的发展、研究方法的更新、研究视野的拓展,甚至导致了对语言学学科属性的争论(人文学科、自然学科,或二者的结合)(Lüdeling & Kytö, 2008)。这其中,语料库语言学对翻译研究领域的影响也日渐显著,特别是建设大规模、多类型的真实翻译语料库,并以此为基础,进行翻译教学组织、外语词典编纂、翻译研究,甚至机器翻译的探索,已经成为当前翻译教学与研究的一个重大战略选择与实施方案,逐步成为翻译研究的一个核心议题(Baker, 1995;王克非 等,2004;梁茂成 等,2010;胡开宝,2011)。

在此背景下,鉴于口译在操作程序、认知心理机制、社会属性、评判标准等方面与笔译活动的显著差异(Gile, 2009),口译也正在引起语料库语言学及翻译研究领域学者越来越多的关注。建设口译语料库并开展基于口译语料库的相关口译教学与研究工作,已成为完善口译研究方法、深化口译研究质量的一个重要选择,逐步成为口译研究未来发展的一个新趋势(Ryu *et al.*, 2009;Shlesinger, 2008;张威,2009a;胡开宝、陶庆,2010)。因此,进一步澄清口译语料库研究的性质与特点，明确口译语料库研究的主要原则，特别是客观评价口译语料库研究的方法与策略，对完善口译语料库的前期建设与后期技术处理，改革口译研究的实施策略与方法，提高口译研究结论的代表性与普遍性，扩大口译研究在整个翻译研究领域的影响力，均有现实与深远的意义。

7.1 口译语料库及研究概述

7.1.1 口译语料库的概念

应该明确，"真正意义上的语料库是一个按照一定的采样标准采集而来的，能够代表一种语言或者某语言的一种变体或文类的电子文本集"（梁茂成 等，2010：3）。因此，现代语料库语言学指专门对存储于计算机内而且可进行自动检索的大规模语料库进行研究的学问（何安平，2004：1）。

因此，真正意义上的口译语料库是：根据具体取样标准与分层程序采集大量真实口译语料而形成的大型电子文档库。其主要特征包括：1）口译语料全部采集于真实情景下的口译学习或口译实践；2）口译语料的原文与译文都已从音频或视频材料转写为文字材料[①]；3）严格依照语料库语言学通行的SGML格式，同时根据具体研究目的，对转写文本材料进行附码与标注[②]；4）配备专门检索工具，可以对转写标注后的口译语料进行电脑数据检索与统计分析。

[①] 部分语料库也同时保存音频、视频、文字等多模式材料，以利于后续多样化数据的对比分析与教学应用（参见Bendazzoli & Sandrelli, 2005）。

[②] 除对口译文本进行一般的词性标注外，还要进行一般的文本标头（header）标注（如作者、标题、日期、材料来源、性质、语言难度、发言人情况等），甚至还要进行不同层次的对齐处理，如句对齐、段对齐、信息对齐等。

7.1.2 口译语料库的建设与研究
7.1.2.1 口译语料库的开发与建设

国内外关于口译语料库的讨论与建设起步于20世纪末，目前几个较为成熟的口译语料库包括：日本名古屋大学开发的英日同传语料库、意大利博洛尼亚大学开发的"欧洲议会口译语料库"和中国上海交通大学研发的"汉英会议口译语料库"。当然，鉴于语料收集特别是转写与标注过程的巨大困难，目前这些口译语料库的库容量仅为100万词左右，相对于当前笔译语料库显然规模太小。同时，口译语料库的标注较为单一，难以充分反映口译操作的特殊性。这些都是制约口译语料库相关研究代表性与影响力的主要因素（李婧、李德超，2010；胡开宝、陶庆，2010）。

7.1.2.2 口译语料库研究的主要内容

首先，当前的口译语料库研究主要涉及口译文本的语言特征，一方面集中在对口译的词汇特征的归纳与分析，如：口译文本的词汇密度与变异、口译高频词汇、词语索引、词语搭配、词汇相似性与陌生性等（Shlesinger, 1998; Dam, 2002; Russo et al., 2006；胡开宝、陶庆，2010）；另一方面对口译文本的语法结构以及口译文本的普遍性进行了探索，如：口译文本中语态类型的应用、口译文本的语篇模式、口译文本表现出的"简化性"普遍特征等（Shlesinger, 1998; Bendazzoli & Sandrelli, 2005；胡开宝、陶庆，2010）。

其次，相关研究还考察了口译操作过程，主要包括：同传的"间断性"（Toyama & Matsubara, 2005；戴朝晖，2011）、同传中对原文隐喻的处理（Spinollo & Christopher, 2010）、口译语速分析（Ryu et al., 2009）、同传中的延迟现象等（Takahiro et al., 2008）。

7.2 口译语料库研究的原则与方法

7.2.1 口译语料库研究的主要原则

语料库语言学的基本理念是，所有问题的判断与探索都始于自然数据的观察与处理，一般都遵循提取（extraction）—观察（observation）—概括（generalization）—解释（interpretation）的研究程序（卫乃兴，2009）。总之，语料库语言学研究以客观数据支持或验证理论与思想，是一种自下而上的研究思路，是对理论思辨式研究必要而有益的补充（梁茂成 等，2010：185）。

具体而言，口译语料库研究主要体现出以下几大原则。

7.2.1.1 定量与定性相平衡的原则

虽然定量研究与定性研究在数据性质、分析程序、结论阐释等方面有明显差异，但二者并非互不相容，更多情况下是二者有机结合，形成多类型数据，共同说明研究对象的性质（刘润清，1999）。

口译语料库研究依赖大规模的真实数据，以数据的系统统计与分析为基础，更具有定量研究的特征。但口译操作的特征、口译信息的传递效果（即口译质量的评价），特别是口译活动的社会属性以及口译加工的认知机制，还需依靠对数据的解释与分析（尤其是数据背后隐含的规律），也更需要相关领域的理论知识的储备与经验认识的积累，甚至某种程度上也依赖对数据的直觉性判断与内省式分析（胡开宝，2011：192）。

因此，定量分析虽然是口译语料库研究的特色或优势，但具体数据的分析与讨论，尤其是相关结论的普遍意义及应用范围，更需要结合定性分析，才有可能对口译本质进行更客观、更全面的认识。

7.2.1.2 描述与解释相配合的原则

就语料库语言学的属性和方法特征而言，它基本属于描述语言学的范畴,旨在凭借语料库的强大真实证据描述语言体系的方方面面(卫乃兴,2009)。然而,对真实语料的描述不能完全排除(甚至一定程度上依赖于)既往语言应用的经验性认识或语言探索的理论积累,而语言结构与功能的评价应该充分基于对真实语料的占有与梳理(Sinclair,2003)。

因此,口译语料库研究一方面应该立足于对口译活动及口译操作过程的详尽描写与全面归纳,生成大量真实的一手材料和具体统计数据(而非仅靠研究者大脑的凭空想象或对所谓"理想译者"的抽象概括),另一方面又不能桎梏于现象的表面罗列或数据的简单汇集,更应该借鉴相关理论甚至是个性化的直觉经验,对数据进行深度的剖析与阐释,挖掘口译操作的内在规律,进而对未来口译实践规范做出理性的判断。

7.2.1.3 微观与宏观相结合的原则

语料库语言学研究既重视对大规模真实语料的性质与功能的总体描述,也强调(甚至基于)对个别语言现象的量化统计与细致剖析,可以说是宏观研究与微观研究有效结合的研究范式(杨惠中,2002:35)。

因此,口译语料库研究一方面要对口译转换规律、口译语言特征、口译信息单位等涉及口译操作及效果的关键因素进行基于客观数据的描述与分析(微观),甚至可以考虑结合个案研究,开展个性化而立体化的微观解析。另一方面,也应该结合口译情景(如工作环境)、口译员身份、口译文本性质等因素,依据口译语料库的统计数据,对口译文本特征(即口译文本的"普遍性")、口译操作规范(其中也可包括口译学习者所表现出来的口译学习阶段性特征,如口译策略、口译质量等)等问题,进行综合而全面的分析与判断。

7.2.1.4 共时与历时相协调的原则

近年来,语料库语言学研究正经历着由集中于共时研究向共时研究与历时研究并重的转变，以期对语言应用的演变过程以及当下语言特征进行综合考察（梁茂成 等，2010）。

应该承认，限于语料的性质与规模，当前口译语料库研究主要还是共时性研究。而且，开展历时性口译语料库研究的最大障碍是不同时期口译语料的收集与加工。首先，从目前口译语料库建设情况来看（Pöchhacker，2004；李婧、李德超，2010），可以考虑根据已有口译语料库，进行较短时期内（如近30年）口译语言与信息的对比分析（胡开宝、陶庆，2010）。其次，从口译发展历史来看，也可以考虑筹建二战后战犯庭审口译语料库，并同目前的口译语料库进行对比分析，逐步挖掘不同时期、不同社会历史背景下口译行为的特殊性，包括其语言转换规范、口译信息质量评价等因素[①]。

7.2.1.5 证实与证伪相促进的原则

如上所述，语料库语言学研究的一个基本理念是：以真实情景下的语言应用为研究对象和最终评判标准。甚至，语料库语言学研究一直倡导的一个基本原则是，在被大量真实语料证实之前，任何关于语言应用的结论或原理都或多或少存在谬误的成分（Sinclair，1991；McEnery & Wilson，2001）。

因此，口译语料库研究一方面要充分利用语料库数据统计与分析的优势，以大规模真实口译语料为基础，对既往的理论知识或经验认识进行验证（如"脱离源语语言外壳"、口译心理词库、口译信息单位等）。另一方面，更应该提倡根据真实语料的实际状况，修正甚至颠覆原有概念、理论或方法（如"口译认知负荷模型"（Effort Model）、口译记忆资源与口译

[①] 历史上，交替传译从1919年"巴黎和会"期间开始大规模使用，而同声传译从1947年"纽伦堡审判"期间开始大规模应用。但由于技术因素的限制，目前仅有"纽伦堡审判"的部分口译材料可以使用（张维为，1994）。此外，关于中外历史中口译活动的社会属性、文化功能，详见黎难秋（2002）、Pöchhacker（2004）。

效果的关系等），推动并深化对口译现象与操作规律的认识过程（Wu & Wang，2009；张威，2010）。

7.2.1.6 基础性与应用性并重的原则

从学科性质来看，语料库语言学不是一种纯粹的形而上的理论研究，而是一种旨在描述并分析真实情景下的自然语言，并与语言教育与培训密切相关的应用性研究。因此，语料库研究结论对真实语境中语言知识学习与语言技能培养的启示已成为当前语料库语言学相关研究的战略重点（梁茂成 等，2010：183）。

因此，鉴于口译活动非常突出的实践特性，口译语料库研究一方面应该对口译文本特征、口译操作规范等涉及口译现象的基础性知识，进行全面而系统的描述与分析，另一方面更应该强调上述研究结论对口译教学与口译实践的借鉴价值，特别是对口译学习者的参考价值（口译策略的性质与应用、口译信息性质的判断与传达等），以改善其口译学习效果，提高口译实践的质量[①]。

7.2.2 口译语料库研究的方法战略：设计方案与统计方法

整体来说，语料库语言学有两大特点，一方面是基于大量的真实语言使用实例，另一方面是应用统计学理论与方法。这使得语料库语言学十分有别于基于"理想的本族语者"的直觉式研究方法（梁茂成 等，2010：10）。也就是说，语料库语言学的研究方法主要是由下而上的统计分析与量化描述，更多地表现为以客观数据为基础的证实或证伪性研究（卫乃兴，2009）。

7.2.2.1 设计方案

1. 基于语料库（corpus-based）的验证与分析

本质上讲，"基于语料库的研究方法是普通的实证研究方

[①] 当前，学习者语料库是语料库语言学相关建设与研究的一个重点内容，但国内外尚未出现口译学习者语料库，这无疑是今后口译语料库建设与研究的一项重要工作（张威，2009a）。

法在语料库语言学领域的延伸,其基本程序与普通的实证研究方法十分类似"(梁茂成 等,2010:178)。

基于语料库的方法并不反对也不试图推翻传统的语言理论,也排斥研究者的直觉,而是由研究者根据以往的语言研究成果或对语言的认识,首先提出假设,然后到语料库中去验证假设,假设是否成立取决于语料库中的语言实例。因此,这是一种针对既有理论、思想或术语的假设验证方法。基于语料库的研究方法以概率为基础,是统计学和实证研究方法在语料库语言学领域的具体应用(梁茂成 等,2010)。

2. 语料库驱动(corpus-driven)的探索与描述

与基于语料库的方法不同,语料库驱动的方法的目的在于语言描写。其基本原则是,在对语料库进行分析之前并无任何假设,通过对语料库中的所有例证进行穷尽式的分析和归类,得出有关语言使用情况的假设乃至结论。具体研究程序一般分为"观察—假设—归纳—理论整合"等几个步骤(梁茂成 等,2010:178)[①]。

3. 语料库指导(corpus-informed)的教学组织与实施

所谓语料库指导,指以语料库检索或统计结果为依据,主要包括各种词语、搭配和结构在语料库中的出现频率、使用场合、语体等信息,然后根据这些信息指导编写合适的教学材料。因此,这种方法强调语料库研究与语言教学与培训的有效结合,其要点是将语料库中的原始信息消化,以学生更容易接受、更有利于教学的形式呈现于教学材料之中(梁茂成 等,

---

[①] 很大程度上,利用语料库去探究语言应用现象,既有可能验证既有的理论或概念,也有可能推翻前人的认识,更有可能激发对未知规律的探索。因此,"从这个意义上讲,语料库应用活动既是基于语料库的,也是由语料库驱动的"(梁茂成 等,2010:20)。而且,"语料库驱动的方法与基于语料库的方法是同一研究取向下不同的途径,二者意旨相同而方法互补"(同上:185)。关于"基于语料库"与"语料库驱动"两类研究方法的具体差异,另见卫乃兴(2009)。

2010;MaCarthy,1998;陶友兰,2010)。

7.2.2.2 数据统计方法

整体而言,在语料库分析中,最基本的数据是文本数据,而从数据中得到的最基本的信息是频率信息。因此,频率对语料库研究至关重要。语料库相关研究常常通过各种统计方法,从调查语言信息的分布频率入手,研究语言现象在实际应用中的规律与模式(何安平,2004;梁茂成 等,2010)。

具体来说,口译语料库研究可以采用以下几种统计分析方法。

1. 语料库内嵌式统计分析法

口译语料库设计与建设的一项核心内容就是通过语料标注及配套检索工具的研发,确保能够利用语料库检索工具自带的统计与分析程序,对口译语料进行量化的频率分析与统计分析,主要包括类符/形符比、语境关键词、高频词(high-frequency word)、词语搭配统计[1]、类联接、多词序列[2]等程序或方法(Biber *et al.*,2000;胡开宝、陶庆,2010)。

2. 社会统计学分析方法

同时,根据具体研究主题,可以先预设不同变量的相互关系(如关键词语与口译质量的关系、原文语言特征对口译策略的制约等),然后在口译语料库中进行检索统计,再利用社会学统计程序与工具(如SPSS),对所得数据进行假设检验

---

[1] 具体来说,语料库语言学对词语搭配进行辨别与统计的方法主要包括:出现频数、共现频数、互信息(mutual information, MI)MI3、Z-score、对数似然率(log-likelihood)等(梁茂成 等,2010:12)。
[2] 又称为多词单位(multiword unit)、复现词组(recurrent word combination)、词块(lexical chunk)、词簇(word cluster)、预制语块(prefab或prefabricated chunk)、套语(formulaic sequence)、N元组(n-gram)等,是近年来心理学、心理语言学、神经语言学、二语习得等领域关注的一个焦点问题,对平行语料库的对应单位或翻译单位,也有明显的启示意义(梁茂成 等,2010:13-16;卫乃兴,2009;杨承淑,2010)。

分析（hypothesis testing），通过独立样本T检验（independent-sample T test）、配对样本T检验（paired-sample T test）、相关分析（CORRELATION）、方差分析（ANOVA）、回归分析（REGRESSION）等多种分析工具（秦晓晴，2003），考察具体变量间的相互关系，以进一步验证或补充原始语料统计分析的客观性与代表性，从而丰富量化研究的层次性，提高量化研究的质量。

3. 多库对比参照法

相对而言，当前笔译语料库的类型与规模，包括相关研究的数量与质量，都较口译语料库有显著提高。因此，可以考虑将口译语料库数据与笔译语料库进行对比分析，考察口译文本与笔译文本的差异性，特别是详尽讨论不同性质文本在词汇性质、语篇组织、语体特征等方面的相互关系，为口译文本的特殊性提供更多样的参照数据（胡开宝、陶庆，2010）。

7.3 口译语料库研究的客观评价

一方面，就研究指导思想而言，虽然语料库语言学强调通过语言客观事实来描述语言应用规律，但从语言事实的无限性与语料库规模的有限性来说，语言活动的丰富性与复杂性无法在语料库中完全展现。因此，"语料库无法回答一切语言问题。我们提倡带着问题去探索语料库，并不是说什么样的问题都可以在语料库中找到答案"（梁茂成 等，2010：21）。另一方面，从研究方法的性质来说，语料库研究方法属于经验性研究的范畴（与理性主义指导的研究相对立），难免带有其自身的局限性，主要表现为数据代表性难以充分保证、统计分析工具与数据性质难以完成协调、数据定性解释不足等（梁茂成，2010）。

7.3.1 口译语料库建设有待完善

7.3.1.1 口译语料库的规模及代表性

相对于当前笔译语料库上千万词甚至上亿词的库容量，目前最大的口译语料库规模也不过100万词上下。显然，口译语料库目前的容量还难以充分保证如实反映口译实践操作的一般特征。相应地，"语料库是否具有代表性直接关系到在语料库基础上所做的研究及其结论的可靠性和普遍性"（杨惠中，2002：133）。因此，基于当前口译语料库的相关研究及其结论的代表性也就存在诸多疑问。

7.3.1.2 口译语料的标注层次与形式

现有口译语料库的标注主要集中在词性赋码、句子对齐两方面。但口译操作中省略、整合、预测等策略应用非常普遍，对口译信息传达有重大影响（Christoffels et al., 2006），简单词性标记或句子对齐难以充分反映口译的"信息对等"（information equivalence），这无疑不利于有效反映真实情景下口译加工的性质与特点。

7.3.1.3 检索工具的适用性

首先，真实口译情景下，支吾语、停顿等副语言现象不仅仅是口译操作的一种特殊语言现象，同时也对口译信息传递有重大影响，很大程度上反映了口译员对原文信息与结构的判断与加工（Pöchhacker, 2004）。但目前口译语料库检索工具尚无法客观反映上述口译副语言信息的性质与功能。

其次，词语索引是当前口译语料库检索的一项主要内容，可以显示目标词语与其前后词语的搭配关系，即目标词语的应用语境。但这类语境范围较小，尚无法展示更大语境中各类词语间的相互关系。这无疑不利于对口译文本的语篇特征进行整体的描述与分析（胡开宝，2011：195）。

7.3.2 口译语料库研究方法的负面影响

很大程度上,对数据的盲目依赖甚至迷信、对语言证据的误读与误用、对语言应用"好"与"坏"的价值判断、对学习者语言强烈的纠错心理,以及绝对的技术决定论等,这些很可能是语料库研究方法不符合科学探索特征的主要表现(梁茂成等,2010:192)。具体到口译语料库研究方法,其主要不足集中体现在以下几个方面。

7.3.2.1 "数据决定论"的片面性

显然,以数据为基础的口译语料库研究无疑迎合了当前倡导客观数据的实证性口译研究的潮流(仲伟合、王斌华,2010a,2010b)。但一个不容忽视的事实是,如上所述,现有的口译语料技术无法保证能够完全客观地表现口译实践操作的特点与规律。更关键的是,口译语料库提供的数据代表性在数量及质量上,目前均未达到令人满意的程度(李婧、李德超,2010)。因此,过分依赖语料库技术以及对数据的"无限信任"既不符合定量研究方法的性质,也会影响具体研究结论的普遍意义。

7.3.2.2 口译操作的描述与解释

口译语料库能够提供大量而鲜活的口译实践例证,也能够产生相对客观的统计数据,但实例或数据本身无法直接显示口译操作"背后"的形成原因,也就是无法提供关于口译现象或口译本质的解释,对口译操作规律性的深度探索以及对口译现象本质特征的阐释,依然有赖于内省或演绎的方法。

7.3.2.3 口译活动的"外化"语言特征与"内化"心理机制

口译语料库可以提供大量真实的可观察、可量化和可描述的口译操作数据,这是探索社会文化语境中口译性质与功能的最为直接和有效的数据。但是,这些数据本身却无法自然揭示口译操作深层的心智机制,"因为心智语言本质上是不可观察的,其探索可能需要复杂的心理语言实验和神经语言研究的技术手段和方法"（卫乃兴，2009）。也就是说，口译语料库研究很难凭借自己的数据，直接判断心理词库、词汇启动、心智表征、语义搜索与配对、记忆处理等一系列关系口译信息传送程序与口译操作效果的深层认知因素。

7.3.2.4 口译理论的沿承与创新

口译语料库研究的基础是大量真实口译操作的描写与分析，这固然能够在很大程度上保证研究结论反映实际情景下口译操作的本质特点，但应该承认，"过分强调语料的先决性，可能会排斥研究者个人的创建性思考及直觉经验的价值"（梁茂成 等，2010：185）。也就是说，研究者往往倾向于认为，这些基于数据的分析结论就是口译操作必须遵循的规范，一定程度上限制了口译实践或理论思考的变革或创新，甚至很可能使得翻译实践其至翻译理论研究趋于保守（胡开宝，2011：196）。

7.3.3 口译语料库与其他研究方法的结合

语言研究的不同方法一般涉及以下三大类数据：1）内省数据（introspective data）；2）诱发数据（elicited data）；3）真实数据（authentic data）。而且，"置语言事实于不顾，完全脱离真实数据的纯理性主义的做法越来越少见，而毫无理性参与的纯数据驱动的方法也同样难以想象"（梁茂成 等，2010：177）。因此，各种研究方法或工具综合应用，获得多种类型的客观数据，从不同侧面、不同角度对具体现象进行客观描述与深入分析，应该是未来语言研究的方法战略选择。

同理，鉴于语料库语言学的描述性、实证性特点，口译语料库中大量的真实口译数据为客观描述口译现象或分析口译操作过程提供了宝贵的一手材料，同时也应针对具体问题，与其他研究方法（如内省、观察、调查、实验）进行有机配合，形成多类型的数据，对口译深层认知加工操作及口译转换策略等方面进行多方位的探索。具体可包括以下几种。

7.3.3.1 定量与定性方法的综合应用

一方面，应该始终强调研究材料的真实性及数据收集与分析程序（包括工具）的客观性；另一方面，也不应忽视对自然现象或数据的理性分析与抽象判断。只有二者结合，才有可能将描写与解释充分结合，对研究对象进行由表及里的分析与认识。如，关于口译实践策略的性质与功能，特别是具体策略在口译实践中的分布情况及具体影响，既要借助于口译语料库对口译策略的限定与统计，以此描述不同口译策略的使用环境及其对原文信息的保持情况，同时也必须根据原文信息的重要性以及口译语篇整体信息的传递效果（而非个别或局部的信息对应状况），对口译策略的应用效果进行理性判断。再如，对口译质量的评价，一方面可以通过语料库对关键信息进行统计分析，确定译文与原文在信息容量与结构方面的关系；另一方面，口译质量的语言因素，如语法规范、术语准确度、表达流利度、发音质量等，包括这些质量因素对具体口译效果的影响，尤其是真实口译场景下口译使用者对口译质量的期待与要求，则需要通过定性分析加以判断[①]。

7.3.3.2 多种定量方法的组合分析

不同的定量方法（如实验、调查等）在数据收集程序、标准、分析方式等方面都存在差异。因此，应该重视多种定量方法综合应用的价值，最大限度地发挥各种定量数据的优势，同时又可有效降低单一定量数据的片面性。如，口译转换单位（包括其类型与作用）涉及口译策略、口译操作过程、口译质量评价等诸多问题，因此一直是口译教学与研究关注的一个热点话题（杨承淑，2010）。一方面，可以考虑设定原文关键信

[①] 研究表明，在真实口译情景下，口译员的语言表达因素对口译质量的评价有明显影响（Kurz，2001）。

息词语（如单词、术语、专有词汇、数字等），利用口译语料库进行检索统计（即语境关键词分析，KWIC），考察原文信息词语的转换情况。另一方面，可考虑结合认知心理学关于信息"组块"传播的理论①，设置实验环境，以判断原文信息组块为自变量，以口译质量为因变量，考察二者的相互关系。这两类数据相结合，对比两种结论的差异性，以此综合分析口译转换单位的性质与作用。

7.3.3.3 规模化数据描述与个体性案例剖析的对照

大规模数据统计与分析的优势在于能够扩大数据解释的覆盖面，提高研究结论的代表性，而个案分析则能够突出具体情景下个体对象的自然表现。因此，这两类方法的结合，将更有利于反映客观事物普遍性与特殊性的关系。如，口译学习者与口译专家（即高水平职业口译员）在口译策略意识及应用、口译效果、口译职业意识等方面的差异对口译教学与培训有重要意义（Liu et al., 2004）。一方面，应该利用多类型口译语料库（如口译学习者语料库、职业口译员语料库），针对相同或类似的主题、信息或挑战，对不同层次口译员的应对策略进行统计描述，同时判断其口译效果的差异性。另一方面，可以就上述主题，选择有代表性的口译学习者和口译专家，以访谈、材料分析等形式，对其口译策略及口译质量进行个案性诊断（杨承淑、邓敏君，2011）。这两类数据相互参照，有可能更客观地反映口译专家与口译学习者在口译策略应用上的差异性关系。

7.4 小结

当前，丰富研究手段与工具，拓展研究视野，是提升口译研究质量的一个重要战略选择。其中，以大规模真实口译语料库为

---

① 关于口译信息"组块"的理论探讨与个案考察，参见杨承淑（2010）。

基础，利用语料库的定量数据分析的优势与特色，是扩大口译研究实证数据基础、提高研究结论代表性的一个重要途径，也是以实际口译现象为基础，探索口译规律，发现口译操作本质特征的必然出路。同时，针对口译活动的多样性与复杂性，语料库的研究策略与方法要与其他口译研究方法相互配合，才有可能丰富数据类型，对口译操作特点及口译加工性质，进行更全面而深入的描述与分析。

汉英会议口译语料库的创建与应用研究*

8.0 引言

目前,已经建成并投入使用的口译语料库屈指可数,只有日本名古屋大学开发的日英同声传译语料库和意大利博洛尼亚大学开发的欧洲议会口译语料库等。相应地,基于语料库的口译研究差强人意,相关研究成果寥寥无几。然而,开展基于语料库的口译研究,不仅可以验证关于翻译共性、翻译语言特征和译者风格等的理论是否适用于口译,从而丰富和完善语料库翻译学研究内容,而且能够深入了解口译语言特征、口译策略及口译认知过程,推动口译研究由定性研究向定性和定量研究相结合转变。

鉴于此,我们自2006年11月着手建设汉英会议口译语料库(Chinese-English Conference Interpreting Corpus,简称CECIC)。CECIC的建设大致分为两个阶段:1)初步建设及先导研究;2)全面建设及深度加工。在第一阶段,我们对汉语语料进行分词处理,之后应用Paraconc软件,并通过人工干预,实现了汉英语料的句级对齐,最终建成容量为188,039词的小型汉

---

* 胡开宝、陶庆,《汉英会议口译语料库的创建与应用研究》(《中国翻译》2010年第5期)。

英会议口译语料库。在第二阶段，我们成功建设了库容达54万余字的CECIC，目前仍在进一步扩容之中。该语料库对汉英语料的篇头信息和篇体信息都做了详细的标注，如词性标注、段落标注、语言特征标注和副语言特征标注等。本章拟详细介绍CECIC的设计、语料转写和标注、汉英语料的句级对齐，以及该语料库的应用等。

8.1　CECIC 的设计

CECIC由三个子库组成，即新闻发布会汉英平行语料子库、新闻发布会英语原创语料子库和政府工作报告汉英平行语料子库（以下分别简称平行语料子库、原创语料子库和政府报告子库），现有库容为544,211词。平行语料子库收录了1988年至2008年我国中央政府及国务院有关部委举办的新闻发布会的汉语原文及英译，其中包括李鹏、朱镕基和温家宝三任总理以及钱其琛、唐家璇、李肇星和杨洁篪四任外交部长答记者问，国务院有关部委负责人和发言人答记者问的汉语原文和英译语料。具体内容涵盖我国政治、经济、军事和外交等领域的政策和改革工作。汉语原文语料字数为133,431字，英译语料为96,205词。这些语料均由课题组成员根据多年录制的新闻发布会实况转播的录像和磁带录音转写而成。

为了比较汉英会议口译与英美国家新闻发布会及汉英笔译之间的差异，正确理解汉英口译的语言特征等，我们分别建设了新闻发布会英语原创语料子库和政府工作报告汉英平行语料子库。这些子库语料的主题和发表时间与新闻发布会汉英平行语料子库基本一致。原创语料子库收入1998年至2009年美国联邦政府新闻发布会的英语原创语料，字数达104,598词。这些语料从美国CNN网站直接下载，主要涉及美国国内政策及外交政策。有必要指出，这些语料真实地记录了美国联邦政府新闻发布的实况，如新闻发布会过程中的停顿、笑声和言语打断等情况，未做任何改动或加工处理。政府报告子库收录中共十五大、十六大和十七大报告，以及温家宝总理分别于2005年、2006年和2007年所做的政府工作报告。字数计209,987词，其中汉语原文100,807字，英译语料字数为109,180词。这些语料的汉语原文由人民出版社出版，英译语料从中国日报网站下载。政府报告子库所收语料阐述了我国的内政方针和对外政策，时间跨度为1997年至2007年。

8.2 CECIC 的创建

8.2.1 语料的转写

口译语料的转写是一项非常繁琐的工作，其完成情况的好坏直接决定着CECIC建库质量的高低。

首先，我们将所有以磁带和录像带形式存储的新闻发布会语料转换成MP3格式文件，统一存储在电脑硬盘中，以方便利用电脑进行转写。

其次，课题组成员依据口译语料转写的有关原则和方法将视听资料转写成书面文本材料，并将这些文本材料以TXT格式分存为两个文档。与传统口译研究相比，基于语料库的口译研究最突出的特点是其描写性以及研究对象口译语料的真实性。因此，CECIC口译语料的转写强调真实性原则，采用不做任何主观干预的自然描写方法，真实记录口译语料中的语言符号和副语言特征，对口误、修正、重复、犹豫、停顿、笑声和言语打断，以及语言错误或不规范等现象照原样转写。我们使用一个英语省略号表示新闻发布会上经常出现的短时停顿，即2~3秒的停顿，两个英语省略号表示4~6秒的长时停顿；汉语破折号用于标明不完整句或言语打断现象；一个英语省略号和修正词语的并用则表示言语交际的修正；犹豫现象通过省略号或"er"和"well"等填充词的使用来表示；而新闻发布会上出现的非言语声音则由发音近似的"er""mm""mn""erm"和"hm"等表示。这些非言语声音有的表示对前面话语的回应，如赞成或疑惑、惊讶等，有的不表达任何意义。此外，由于磁带录音质量问题或发音不清晰等方面的原因，一些词语的发音含混不清，很难辨别。对此，我们采用星号"*"表示，一个星号对应一个词语。

【例1】李：我们姚依林副总理是国务院三嚓——三峡工程审查委员会的主任，这个问题请他来答复。（1989年李鹏总理答记者问）

【例2】姚：只要按照那个去执行的话，就能做到这一点。

I: As far...as long as we implement the measures, we'll certainly attain our objective.（1989年李鹏总理答记者问）

【例3】李：就中国的情况来说，如果民主，发扬民主，如果进行民——，进一步推动——推进民主政治，这是我们的目的。

I: As far as China is concerned, it is our objective to promote democracy and to build democracy.（1989年李鹏总理答记者问）

【例4】李：十年来我们决策的民主化和科学化已经有了很大的进展，否则无法解释我们十年所取得的成绩。

I: In the...past...over the past ten years a great progress has been made in the scientific and democratic decision-making of the government. Otherwise, it couldn't possibly explain the huge progress we've made over the past ten years.（1989年李鹏总理答记者问）

【例5】朱：我讲这个话啊，并不是想跟《纽约时报》那个，那两位作者啊分他的稿费，没有这个意思。因为我的这个观点也没有申请专利。

　　I: Well, by mentioning this, I do not intend to ask the co-authors of that article on the *New York Times* to also share with me...their fees...for that article, because I didn't ask...apply for a patent for my viewpoint in this regard.（1999年朱镕基总理答记者问）

　　以上各例均选自新闻发布会汉英平行语料子库。新闻发布会的嘉宾以姓氏标明，口译译员以"interpreter"的第一个字母表示。例1中"三嚓——三峡"真实记录了言语交际中的口误和修正。例2的"As far...as long as"表示口译译员对前面所用词语"as far"的修正。例3汉语原文中的破折号、例4和例5英译语料中使用的省略号，表明言语交际中的犹豫，而紧跟在符号后面的"进一步推动""推进""over the past ten years"和"apply for"均为对前面词语的修正。

　　最后，我们根据视听资料语句之间停顿时间的长短、语调的升降、词语的语法功能以及语句意义之间的关系，正确选用标点符号。如果语句之间的停顿时间长，选用句号；反之，则用逗号。语句的语调以升调结尾，该句为问句，句末选用问号。例4和例5中，"otherwise"和"well"后面分别采用了逗号。"otherwise"用作连词，表示"否则"之义，"well"为话语标记语。由于其语法功能的要求，这些词汇与其引导的语句之间必须用逗号隔开，否则这些语法功能不能成立。

8.2.2　语料的分词和标注

8.2.2.1　语料的分词

　　汉语以字为单位，汉字之间没有空格。英语以词为单位，词与词之间以空格隔开。由于英汉语言之间的这一差异，我们往往很难以词汇为单位对汉语语料进行统计和分析，如类符/形符比、词汇密度和词频等。此外，国外研发的语料库软件常常不能识别未经分词处理的汉语语料。为此，我们选用中国科学院计算机技术研究所开发的软件ICTCLAS3.0版进行汉语语料的分词处理。该软件采用的分词标准依据中国国家标准GB13715《信息处理用现代汉语分词规范》，自动分词的准确率很高。然而，该软件不能正确识别专有名词、缩略语、由数字组合而成的词汇等，故而需要对自动分词后的语料进行人工校对。

ICTCLAS3.0版的操作十分方便，选中该软件窗口的"词语切分"，点击"处理文件"，上载要进行分词处理的文档，然后单击"运行"，便可自动完成文档的分词处理，并自动保存已做分词处理的文档。

8.2.2.2 语料的标注

CECIC的语料标注采用SGML格式，即通用标记语言（Standardized General Markup Language），基本形式是使用一对尖括号，其中起始标记为<……>，结束标记为</……>，具体标注的附码置于两个尖括号中间。CECIC的语料标注包括篇头信息标注和篇体信息标注。篇头信息标注说明新闻发布会的主要参与者、译员的性别、文本发表的时间，以及文本的编号。以新闻发布会汉英平行语料子库语料为例，具体篇头信息标注如下表所示。

表8.1　CECIC语料篇头信息标注

源语语料篇头信息标注	英译语料篇头信息标注
<Text_head> <Participant>Wen Jiabao</Participant> <Time>2008</Time> <Id>cht051.txt</Id> </Text_head>	<Text_head> <Participant>Wen Jiabao</Participant> <Interpreter>Male</Interpreter> <Time>2008</Time> <Id>ent051.txt</Id> </Text_head>

<Text_Head>...</Text_Head>为篇头信息的标注。<Participant>...</Participant>用于说明主要参与者的姓名。<Time>...</Time>表示语料发表的时间。<Id>...</Id>表示语料的文件名和语料的编号。cht051.txt 和ent051.txt既是相互对应的中英文语料的文件名，又交代了语料的具体编号是051和051。cht和ent分别是Chinese text（汉语文本）和English text（英语文本）的缩写形式。

一般来说，新闻发布会的参与者主要为答记者问的嘉宾、提问的记者、口译译员和听众。嘉宾是新闻发布会的焦点人物，故而将其作为参与者在篇头信息标注中注明。提问的记者和听众均由多人组成，不宜在篇头信息标注中加以说明。口译译员是新闻发布会这一交际事件的重要参与者，应视为口译这一交际事件的重要变量。遗憾的是，口译译员的姓名常常被隐去不提，很难在篇头信息标注中予以体现。为分析男性译员和女性译员在翻译策略和方法上的差异，篇头信息标注标明了译员的性别。

CECIC的篇体信息标注分为词性标注、段落标注和口语特征标注等，分别说明词语的词性、段落的开始和结束和口译语料的口语特征。

词性标注标明英汉语料词汇的词性。CECIC采用词性标注，可以方便研究人员统计分析英汉语料的词汇密度和不同词性词汇的词频，从而研究翻译共性、口译语言特征和汉英口译策略等。我们分别选用ICTCLAS3.0版和英文词性赋码软件CLAWS对新闻发布会汉英平行语料子库和政府工作报告汉英平行语料子库的中英文语料进行词性的自动赋码处理，并进行人工校对。完成分词和词性标注的中文语料如下表所示。

表 8.2 CECIC 进行分词和词性标注的中文语料

```
会议口译中文_cl...txt - 记事本
文件(F) 编辑(E) 格式(O) 查看(V) 帮助(H)
1./m 2004年/t 2月 12日/t 外交部/nt 发言人/n 答/v 记者/n 问/v ——/w 中/b
1./m 美/b 国务卿/n 鲍威尔/nr 近日/t 明确/ad 表示/v，/w 美/b 反对/v 台湾/ns 今年/t 三月/t
方/v 对/r 此/r 有/v 何/r 评论/n ？/w
2./m 在/p 温家宝/nr 总理/n 去年/t 对/p 美国/ns 进行/v 正式/ad 访问/v 的/u 过程/n 中/f，/w
确/ad 表示/v，美方/n 将/d 坚持/v 一个/mq 中国/ns 的/u 政策/n，遵守/v 中/b 美/b 三/m 个/q
，/w 反对/v 任何/r 旨在/v 单方面/d 改变/v 现状/n 的/u 言行/n。/w
3./m 我们/r 赞赏/v 美方/n 的/u 表态/vn。/w
4./m 我们/r 多次/mq 强调/v 台湾/ns 问题/n 是/v 中/b 美/b 关系/n 中/f 最/d 重要/a、/w 最/d
方/n 能够/v 按照/p 中/b 美/b 三/m 个/q 联合公报/n 的/u 原则/n 妥善/ad 处理/v 好/a 这/r 一/m
5./m 第二/m 轮/qv 六方/m 会谈/v 的/u 会期/n 是否/d 已/d 确定/v ？/w
```

段落标注标明段落的开始、结束及段落的编号。段落标注应用新西兰奥克兰大学 Michael Barlow 开发的 ParaConc 软件，实现语料平行的必要条件。

我们选用 EmEditor 软件对中英文语料进行段落标注的自动赋码。双击该软件，单击 "File" 栏目下的 "Open" 按钮，导入要处理的文档。然后点击 "Search" 栏目下的 "Find"，再点击 "Replace"。在弹出的窗口中选中 "Use Regular Expressions"（使用正则表达式），然后在 "Find" 下方的方框内输入正则表达式 "\n X"。"\n" 意即 "匹配一个新行"，"X" 为新闻发布会的参与者名称，如答记者问的嘉宾、主持人、记者和口译译员。在语料转写时，我们将主持人、记者和口译译员的名称统一转写为 MC（master of ceremony）、correspondent 和 interpreter。嘉宾的名称按照其实际姓氏转写。必须指出，新闻发布会语料由不同的对话段落组成，参与者的名称居于每段对话之前，并且位于一个新行。我们因此将参与者名称作为段落的开始，在正则表达式 "\n X" 中依次输入参与者的名称，并在 "Replace with" 下端的方框中输入 "</P>\n<P>X"，之后点击 "Replace all"，便可完成段落标注的自动赋码。

口语特征标注用于说明停顿、言语打断、重复和修正等主要口语特征。这些特征的研究有助于揭示口译语体特征和译员风格的差异。为此,我们采用人工手段,对上述特征进行赋码。具体标注见下表。

表 8.3 CECIC 口语特征标注

口语特征	口语特征标注
停顿	\<pause>...\</pause>
言语打断	\<interrupted>...\</interrupted>
重复	\<repetition>...\</repetition>
修正	\<revision>...\</revision>

8.2.3 语料的句级对齐

双语语料之间的平行对齐一般包括篇章、段落和语句层面的对齐。篇章和段落层面的对齐可以采用软件自动实现,但语句层面对齐的难度较大,需要人工操作。CECIC采用ParaConc软件,依据以下原则对CECIC语料进行句级对齐处理:

1)以原文为基准,尽量实现汉英语句的一一对应,也允许一对二、一对多,或二对一、多对一等情况的存在。

2)句号、问号、感叹号和破折号均视为语句的标记。

3)如果分号用于隔开较长的语句成分,则该符号为语句的标记。但是,以分号为单位来切分语句单位时必须满足原文和译文一一对应。如果不能一一对应,则不以分号为界切分。

关于语料句级对齐的具体步骤,相关文献已做介绍(胡开宝、邹颂兵,2009:64-71;邹颂兵,2009:155-158),故从略。

8.3 CECIC 的应用

长期以来,口译研究一直停留于规定性研究阶段,口译实证研究明显滞后。尽管学界已开始就口译过程或口译认知开展实证研究并取得了一些成果，但这些研究所依据的语料并非真实条件下的口译语料，而是学生和参加翻译培训人员的口译作品。这些作品作为研究对象的合理性没有职业译员作品的合理性强，其研究成果的可信度不够理想。CECIC收录了选自真实语境的语料，并具有自动检索和数据自动统计的功能，为口译实证研究提供了重要物质基础。目前，CECIC主要用于翻译共性和汉英口译语言特征等领域的研究。

8.3.1 翻译共性研究

翻译共性，也称翻译普遍性，是翻译文本的规律性语言特征。Mona Baker（1993：243）指出，翻译共性为"翻译文本而不是源语话语中出现的典型语言特征。这些语言特征不是特定语言系统干扰的结果。"翻译共性主要包括显化、隐化（implicitation）、简化和范化等。显化，又称为明晰化，指译者明示源语文本隐含的意义。隐化是指源语文本明示的语言信息在目的语文本中不言自明，译者故而将这些信息省略不译。简化即与源语文本相比，目的语文本的词汇、句法和文体等方面呈现简化趋势，"具体表现为选用上义词、常见同义词或解释性短语来翻译缺乏目的语对应词的源语词汇，复杂句译作简单句，将长句拆译成短句，减少或删除重复信息或冗余信息"（胡开宝、邹颂兵：2009）。范化是指译者翻译过程中有意或无意地消解源语文本独特的语言特征，如标点符号的运用、词汇和句式的选择和篇章结构的安排等，使目的语文本与目的语语言文化规范保持一致。Mona Baker（1996：176-177）认为，范化是"遵从甚至夸大目的语典型模式和惯例的趋势"。自从Mona Baker（1993：243）提出翻译共性假设以来，翻译学界相继对该假设进行论证，但这些研究均局限于笔译语料。关于口译语料中是否或在多大程度上表现出上述翻译共性，鲜有学者对此开展研究。为此，我们以CECIC为研究平台，深入研究汉英会议口译中的翻译共性及其显著程度。

我们对汉英会议口译英译语料、记者招待会英语原创语料以及十七大报告英译语料中引导宾语从句和原因状语从句的"that"、不定式标记"to"和主要逻辑关系连接词的使用频率进行研究,发现汉英会议口译中语篇意义显化程度相当突出,与笔译相比尤为显著。(胡开宝、陶庆,2009:67-73)汉英会议口译过程中,由于口语语言特征和听众理解等因素的制约,译员经常使用解释性翻译方法,他们对源语解释的程度相当高,口译语料的显化程度因而高于笔译。

研究表明,汉英会议口译英译语料中主要逻辑关系连接词的使用频率最高,为每万字146.7个;记者招待会英语原创语料次之,为每万字135.43个;十七大报告英译语料最低,仅为每万字20.8个。(同上:69)英语的典型语言特征之一是"形合",即频繁使用连接词实现语句之间的衔接。因此,就逻辑关系连接词的应用而言,汉英会议口译范化程度较为明显,而十七大报告英译并没有表现出范化特征。前文述及,重复和修正等口语特征均进行标注,而言语交际中的不完整现象即不完整语句则由汉语破折号和英语省略号表示。应用ParaConc软件,我们统计分析以上口语特征标注、破折号和省略号等在CECIC汉语原文及英译语料中的使用频率,发现后者的频率低于前者。事实上,汉英会议口译的汉语原文属于口语语体,语言表达往往不连贯,往往重复使用同一词语或修正前文词汇应用的错误,经常出现不完整语句。而口译译员考虑到方便听众的理解和接受,往往修正原文的不连贯表达,补全源语的不完整句,译文因而更符合语言规范。鉴于此,汉英会议口译呈现比较明显的范化特征。

关于翻译文本的简化特征,Laviosa(2002)基于英语类比语料库(ECC),根据类符/形符比、词汇密度信息负荷和句长等有关数据，论证翻译文本的简略化倾向。她发现翻译文本的词汇范围比非翻译文本窄，即前者的类符/形符比小于后者；翻译文本的平均句长比非翻译文本短。然而，对CECIC各子库的相关语料进行统计分析，我们发现有关数据并不支持Laviosa的结论。

表8.4 CECIC各子库的基本数据

语料	类符	形符	类符/形符比	标准类符/形符比	平均句长
汉英会议口译英译语料	7 034	96 205	7	38.61	23
新闻发布会英语原创语料	6 219	104 598	6	37.26	17
政府工作报告英译语料	5 168	109 180	5	39.20	25

根据上表，汉英会议口译英译语料的标准类符/形符比和平均句长均大于新闻发布会英语原创语料，但小于政府工作报告的英译语料。从标准类符/形符比和平均句长等角度看，汉英会议口译英译语料并未表现出简化趋势。不过，我们应用WordSmith软件统计了汉英会议口译英译语料、新闻发布会英语原创语料和政府工作报告英译语料中词频高于0.05%的连接词的使用情况，发现汉英会议口译英译语料倾向于选用并列结构，其使用频率超出新闻发布会英语原创语料39.9%，但比政府工作报告英译语料低。新闻发布会英语原创语料中复合句的使用频率高达每万词390词，比汉英会议口译英译语料高出90.2%，是政府工作报告英译语料的2.42倍。显见，汉英会议口译英译语料在复合句应用层面表现出较为明显的简化趋势。具体情况如下表所示。

表 8.5　CECIC 各子库语料中连接词使用频率

语料	并列结构使用频率	并列结构频数（每万词）	复合结构使用频率	复合结构频数（每万词）
汉英会议口译英译语料	4.77%	477	2.05%	205
新闻发布会英语原创语料	3.41%	341	3.90%	390
政府工作报告英译语料	7.02%	702	1.61%	161

我们还统计了上述语料库中词频高于0.05%的动词数量，发现平行语料子库、原创语料子库和政府报告子库的动词数量分别为37，66和56个。显然，就高频动词的变化性而言，汉英会议口译英译语料不及其他两种语料，故而在动词应用上呈现简化趋势。

8.3.2　汉英会议口译语言特征研究

汉英会议口译语言特征是指汉英会议口译语言在词汇、句法和语篇等层面所表现出的特征。这一特征不同于原创英语口语和汉英笔译的语言特征。汉英会议口译语言特征反映了英汉语言文化间的差异、汉英会议口译特有的属性以及译员口译方法的运用。研究汉英会议口译语言特征，可以促进学界对于口译过程属性和口译本质的认识。因此，我们考察了汉英会议口译英译语料中高频词和被动式的应用。

8.3.2.1　高频词的使用

我们运用WordSmith4.0对CECIC新闻发布会汉英平行语料子库、新闻发布会英语原创语料子库和政府工作报告汉英平行语料子库频数最高的前十个类符进行比较，并与LOB语料库相对照。

表 8.6 各语料库中频数最高的前十个类符

平行语料子库	频数	百分率	原创语料子库	频数	百分率	政府报告子库	频数	百分率	LOB语料库	频数	百分率
The	7 121	7.4	The	5 144	4.92	The	7 850	7.26	The	65 787	5.43
And	4 384	4.56	To	4 030	3.85	And	7 469	6.90	Of	34 735	2.87
Of	4 105	4.27	And	3 241	3.10	Of	4 698	4.34	And	26 872	2.22
To	2 583	2.68	That	3 016	2.88	To	3 125	2.89	To	26 158	2.16
In	2 107	2.19	I	2 604	2.49	In	2 426	2.24	A	22 225	1.83
A	1 215	1.26	Of	2 265	2.17	We	2 295	2.12	In	20 452	1.69
Is	846	0.88	A	2 128	2.03	Will	1 436	1.33	That	10 917	0.90
For	819	0.85	You	1 733	1.66	A	1 407	1.30	Is	10 430	0.86
We	813	0.85	We	1 718	1.64	For	1 226	1.13	Was	10 254	0.85
China	754	0.78	In	1 681	1.61	Development	909	0.84	It	9 705	0.80

由上表可知，上述语料库中频数最高的前十个类符均包括"the，and，of，to，in，a"等功能词。除原创语料子库之外，其他语料库中词频排列前四位的类符及其排列顺序都基本相同。不过，政府报告子库中"the""and"和"of"的使用频率之和最高，为18.50%。平行语料子库次之，原创语料子库高于LOB语料库。就介词"in"的使用频率而言，政府报告子库最高，平行语料子库次之，LOB语料库和原创语料子库分列第3和第4位。此外，在上述高频词中，平行语料子库和政府报告子库的代词和名词数量均为1，而原创语料子库和LOB语料库的代词数量分别为4个和2个，名词数量均为零。通常，汉语重复使用名词指称前文提及的事物，英语往往选用代词或其他手段避免重复同一名词。由于汉语重复使用名词这一倾向的影响，又由于英语定冠词"the"、介词"of"和"in"常与英语名词连用，

平行语料子库和政府语料子库中英语名词、冠词和介词的使用频率高于原创语料子库。

我们统计分析了词频高于0.05%的类符中不同词性的使用频率，获得以下数据。

表8.7　词频高于0.05%的类符中不同词性的使用频率

词性	平行语料子库使用频率（%）	原创语料子库使用频率（%）	政府报告子库使用频率（%）
名词	12.10	7.28	16.70
动词	7.33	12.65	9.36
形容词	3.05	2.18	5.76
副词	1.85	2.89	1.22
连词	6.82	7.31	8.63
介词	12.66	11.70	13.38
代词	4.93	15.52	5.35
数词	0.98	0.46	0.47
冠词	8.95	7.25	8.84

根据上表，在词频高于0.05%的类符中，平行语料子库的代词使用频率为4.93%，分别低于原创语料子库的15.52%和政府报告子库的5.35%。究其原因，一方面与汉语使用名词指称前文提及事物的语言特征不无关系；另一方面，在汉英口译过程中，为了争取更多时间处理后续的语言信息，同时为方便听众的理解，译员往往采用重复使用名词的方法，指称或强调前文出现的事物。毕竟，听众所听到的语言信息转瞬即逝，往往很难迅速根据上下文判断代词的所指对象。而采用名词重复的方法，可以帮助听众在较短时间内理解语句之间的关系及其表达的语言信息。尽管选用代词替代前文出现的事物可以实现语句

之间的衔接和连贯，并使语句表达精炼，但是往往会使得语句表达不够精确。汉英会议口译一般涉及对某一国家、组织或机构的方针、政策和主张等的宣传和解读。这些方针或政策的宣传要求语言应用严谨、准确，尽量避免语言表达的歧义或模棱两可。采用名词重复的方法指称前文所提及的事物，虽然显得单调、累赘，但不易产生歧义。因而，汉英会议口译译员常常选用名词，较少使用代词。

我们还分析了词频高于0.05%的动词列表，发现平行语料子库中情态动词、think和know等动词的使用频率之和为1.53%，远远低于原创语料子库（2.73%）和政府报告子库（2.57%）。通常，情态动词、think和know等动词用于表达个人的意愿和观点。因此，汉英会议口译英译语料的语言应用要比新闻发布会英语原创语料和政府工作报告语料更为客观、谨慎。

8.3.2.2 被动式的应用

被动式与主动式相对。在被动式结构中，某一动词的语法主语是该动词所表示动作的对象，即受事主语。主动式则指某一动词的语法主语是该动词所表示动作的发出者，即施事主语。英语被动式分为长被动式和短被动式。长被动式为系动词 be, get 或 grow + 过去分词 + by 引导的短语，by 引导的短语表示动作的发出者。短被动式不接 by 引导的短语。汉语被动式则分为形式被动式和意念被动式。前者选用表示被动关系的词语，如"被""让""叫""给""得到""受到"和"遭受"等。后者没有采用任何被动标记，主语是谓语动词的动作对象。

我们对平行语料子库、原创语料子库和政府报告子库中英语被动式应用的频数和频率做了统计分析，如下表所示。

表 8.8 英语被动式的使用频率

	平行语料子库	原创语料子库	政府报告子库
含有"by"结构的被动式	234	109	123
不含"by"结构的被动式	908	341	651
被动式频数	1 142	450	774
被动式使用频率	1.18%	0.43%	0.71%

根据上表,汉英会议口译英译语料中被动式使用频率是新闻发布会英语原创语料的2.74倍,政府工作报告英译语料的1.66倍。众所周知,英语民族重视客体意识,倾向于使用被动句和非人称主语句。汉语民族注重主体意识,多用主动式,被动式使用频率较低。由于任何目的语文本无法摆脱源语文本的影响,汉英会议的英译语料必然会在不同程度上折射出汉语多用主动式、少用被动式这一倾向的影响。然而,汉英会议口译英译语料中被动式的使用频率却远远高于新闻发布会英语原创语料,表现出非常显著的范化趋势。

我们提取了汉英会议口译英译语料中的"were + 过去分词"被动式结构及其对应的汉语原文,分析汉语语句译成英语被动式的规律和特点。

表 8.9 与"were + 过去分词"对应的汉语语句结构

类别	译作"were + 过去分词"的汉语语句结构	频数
A	动词 + 宾语(无主句)	30
B	受事主语 + 动词	24
C	动词 + 宾语(有主语)	22
D	形式被动式	9
E	主语 + 主语补足语	7
F	"对"字结构	7

续表

类别	译作"were + 过去分词"的汉语语句结构	频数
G	副词或动词短语	6
H	动词短语作定语	4
I	"把""向"和"将"字结构	3
总计		112

在上表中，与A类汉语语句结构对应的"were + 过去分词"被动式数量最多，占"were + 过去分词"被动式总数的27%。译自B类和C类的"were + 过去分词"被动式排列第二、三位，分别占总数的21%和19.6%。与D，E，F，G和H类对应的"were + 过去分词"被动式数量分别为9，7，7，6和4。译自"把""向"和"将"字结构的"were + 过去分词"被动式最少，只有3个。

一般而言，汉语常常使用无主句。如果主语不言自明，不必交代或无法确定，汉语常常选用无主句。英语则不同。除祈使句之外，英语语句都必须有主语，否则不合英语语言规范。由于英汉语言之间的差异，汉语无主句通常译作英语被动式，谓语动词后接的宾语译成无主句的主语。

【例1】据初步统计，"十五"期间累计完成通用航空作业飞行33.6万小时，比"九五"期间增长59%，五年平均增长率为11%左右。

According to preliminary statistics, during the Tenth Five-Year Plan period, a total of 336,000 flight hours of general aviation were operated, up 59 percent over the Ninth Five-Year Plan period, with an average growth rate of 11 percent during the five years.

【例2】五年中与42个国家签署了新的双边航空运输协定或航权安排，2005年末中国与他国航空运输协定达98个。

In the five years, new bilateral air services arrangements or air traffic rights arrangements have been concluded with 42 countries, and by the end of 2005 a total of 98 bilateral air transport arrangements have been concluded between China and other countries.

在例1和例2中,汉语语句为A类语句,均译为英语被动式。这些语句的动词宾语"通用航空作业飞行33.6万小时"和"新的双边航空运输协定或航权安排"均译作英语被动式的主语。谓语动词均译作"were + 过去分词"结构。应该指出,译员可添加主语"we"和"our country"等,将以上汉语无主句译作英语主动式。然而,这需要译员在极为有限的时间内腾出精力确定主语,且添加主语会使得语言表达主观。相反,选用被动式可以避免提及主语,而且可以使语言表达更加客观、正式。

应该指出,汉语主动式的主语部分所表达的信息常常是已知信息,而谓语部分的信息是未知信息,也是最重要的信息。在汉英口译过程中,译员能够支配的时间很少,常常需要在很短时间内将源语文本译成目的语文本。为了避免遗忘或遗漏重要语言信息,他们往往首先翻译汉语语句的谓语部分,之后再翻译句子的其他成分,汉语主动式常常译作英语被动式。如果汉语语句很长或者主语复杂,译员会忘记主语的具体内容,因而常常将动词 + 宾语结构译作被动式。这样,译员既不需要回忆或确定该动宾结构的主语,从而赢得宝贵的时间,而且也凸显了原文所表达的重要信息,方便了听众的理解。

此外,如果汉语语句的主语并非谓语动词所表示动作的发出者,而是表示具体某一事件发生的范围、地点和原因等,该语句也通常译为被动式,句子主语则译作状语。

【例3】当时邓小平同志还在世,在他的支持下,以江泽民同志为核心的党中央决定加强宏观调控,采取了16条措施,其中13条是经济措施。

At that time Deng Xiaoping was still alive. With his support, and also under the leadership of the CPC Central Committee with Comrade Jiang Zemin at the core, the decision was made to strengthen macro regulation and control. Sixteen measures were adopted, of which 13 were economic measures.

【例4】全行业五年固定资产总投资947亿元。共新增机场21个，改建了一大批机场。

In the five years, a total investment of 94.7 billion yuan was made in fixed assets in the whole industry. 21 new airports were added and a large number of airports were modified and expanded.

例3为C类汉语语句。汉语原文为主动式，主语"以江泽民同志为核心的党中央"比较长而且复杂，所表达的信息对于译员和听众而言是已知信息。谓语部分表达的信息为未知信息，包含两个动词＋宾语结构，其中第二个动词＋宾语结构由"其中13条是经济措施"加以补充说明。该句很长，若将该句译成英语主动式，译文会显得啰嗦、冗长，且重点不突出。因而，译员将该句分译成两个被动式结构，两个汉语动词宾语均译为英语主语，汉语主语译作状语。译文显得精炼、重点突出，而且也方便了听众理解。

例4中的汉语原文包含两个单句。第一个单句为C类语句，其主语并非谓语动词所表示动作的发出者，而是该动作所影响的范围。第二个单句为A类语句，谓语部分由两个动词＋宾语结构组成。译员均将这些单句译作英语被动式，既突出了重点，又不至于因为要确定主语而不必要地耗费时间和精力。

由表8.9可知，除A类和C类之外，相当数量的英语被动式译自B类和D类汉语语句。如：

【例5】颁布了新的外商投资民用航空业政策规定，外商投资的比例及其他限制条件大为放宽。

Foreign investment in civil aviation was promulgated; the proportion of foreign investment and other restrictions were considerably relaxed.

【例6】共有28名省、地（市）、县（区、市）和乡镇党政负责人因此受到党纪处分。其中,地（市）8人、县（区、市）和乡镇18人。

18 country and township leaders and 8 municipal government leaders in charge of work safety were punished with Party disciplinary and administrative sanctions.

例5的汉语原文由两个单句组成。前面单句为A类语句，即无主句，后面单句为B类语句即受事主语＋谓语动词。它们均强调某一事物或状态在谓语动词所表示动作的影响下发生变化。例6中，汉语原文也是受事主语＋谓语动词结构，且采用了被动标记"受到"，故为形式被动句。由于这些语句与英语被动式的语义结构完全一致，译员常常将它们译为英语被动式。

还应指出，汉英平行语料子库中的汉语原文存在一些"对"字结构、"把"字结构、"向"字结构和"将"字结构。这些结构将受事对象提前并予以强调，且表示某一事物的性质和状态受到外力作用而发生变化，与英语被动式的语义结构契合。从理论上讲，这些结构可以译作英语被动式，但由于这些结构中表示受事对象的介词宾语通常很长且比较复杂，口译译员很难在较短时间内确定该宾语与谓语动词之间的关系是受事，还是范围、时间等，故而不常译作英语被动式。根据表8.9，在汉英会议口译英译语料中，译自上述结构的英语被动式数量只有区区10个。

8.4　小结

与收录笔译语料的平行语料库相比，口译语料库的建设要困难得多，尤其是口译语料转写及其口语特征标注的难度非常大，需要耗费大量的人力和物力。经过不断摸索，我们最终建成了CECIC，并以该语料库为平台探讨了汉英会议口译中的翻译共性及其语言特征。研究表明，汉英会议口译英译语料的显化和范化趋势都非常显著，在句法层面及动词应用等方面也表现出十分突出的简化趋势。我们发现，汉英会议口译英译语料中代词的使用频率远远低于新闻发布会英语原创语料，但被动式的使用频率却高于后者。我们认为，一方面汉语倾向于使用名词指称前文提及的事物，较少使用代词；另一方面口译译员为了方便听众理解，避免语言表达的歧义，常常重复使用名词，不太常用代词。这些因素直接导致了代词的使用频率低。而被动式使用频率之所以很高，主要是因为汉语原文大量存在由动词 + 宾语构成的无主句、形式被动式和意念被动式等语句。这些语句均与英语被动式的语义结构基本吻合或一致。

口译语料的转写与应用

9.0 引言

翻译语料库的设计与建设是一项基础而关键的工作。同时，语料收集（包括样本抽样标准与程序、样本规模、联接结构等环节的前期设计）、转写、标注三个环节既相互依托、又相对独立，构成了基础阶段的主要任务（杨惠中，2002）。而口译语料转写涉及从语音形式到书面形式的转换，工作更加繁重，对口语语料库建设及后续研究更为关键（张威，2009a）。

因此，本章将以汉英同传为考察对象[①]，重点介绍"线性时间对齐转写"在同传语料转写中的应用，分析该策略的优劣所在，提出相应的解决方案，旨在完善口译语料转写方法，推动口译语料库建设，提高语料库口译研究的代表性。

9.1 口译语料线性时间对齐转写介评

9.1.1 概念分析

根据Lederer（1981）、Setton（1999）、杨承淑（2010）等相关论述与实践分析，线性时间对齐转写（Linear Temporal

---

[①] 语料来源及说明（张威，2011：80-81）。

Synchronized Transcription）指：依照口译语言发布的时间先后顺序，首先将语音转写为文字，然后根据具体研究目的，一方面设定语流分割时间单位与长度（一般以秒为单位，长度一般为2~4秒），另一方面规定其他语言信息的标记方式，最后对源语与译语转写后材料进行语言信息与时间间隔的标注，最终形成带有语形与语义双重标记的文本，用于后期观察与分析。

9.1.2 标记方法与步骤

在原文与译文时间基本对齐的基础上，可以多种标记方法准确记录译语在语音（如停顿、语调、音质等）、句法（如词性、句式形式等）、语用（如信息焦点、背景知识等）等方面的特征（张威，2011：82-83）。具体步骤如下：

首先，以一个完整语义表达为标准，将原文切分为若干语段（segment），用数字标明（如S1、S2等），并将各句逐行排列。译文也做相应处理（如I1、I2等）。

其次，采取逐行同步对齐的方法，第一行为原文，第二行为逐字注译（gloss），第三行为译文（加粗显示），将现场口译录音材料转写为书面材料，用于后续描述与分析。如：

【例1】

S36: +$^{6'17''}$接下来/, 我　为　　大家 重点　介绍$^{6'19''}$ 一下~ 行业　未来　的
　　　　　　　next, I POMfor all focus introduce CL <>sector future P^{1}
I36: 　　　　　$^{6'17''}$and then, I like to +$^{6'18''}$detail~ on$^{6'20''}$ the~ industry$^{6'22''}$ prospect
情景$^{6'21''}$　 -和/~ 集团　　发展的%$^{6'23''}$。
situation　and　Group　development%。
and also our strategy and$^{6'24''}$ **development for the future**$^{6'26''}$.

9.1.3 评价

9.1.3.1 意义与价值

竖体格式（vertical）是语言对比分析最为广泛的一种转写形式[①]，而同传语料的线性时间对齐转写就是一种典型的竖体格式，一方面可以更直观地展现口译中原文与译文对比的类型、层次，利于确定口译文本的语言特征，从而有利于形成对翻译普遍性的清晰认识，另一方面有助于准确判断信息对应关系，既方便考察各种口译策略分布及效果，也便于进行口译质量评估。现详述如下：

1. 促进对翻译"普遍性"的全面认识

翻译"普遍性"（translation universals）指翻译文本自身的语言特征，与原文性质、语言组合关系无明显关联。翻译"普遍性"主要表现为简略化、明晰化、规范化等（Baker，2001：288-291）。

鉴于口译的口头表达特性，口译语言特征（即其"普遍性"）已成为当前口译研究关注的一个焦点问题（Van Besien & Meuleman，2007；胡开宝，2011：182-190）。

因此，借助线性时间对齐转写方法（参见9.1.2节），可以更精确地展现口译原文与译文在词汇、句子、语篇等各个层级上的对应关系，结合语料库概率分析方法，不仅有利于对"显化""范化""简化""复杂化"等口译语言特征的分布进行更全面、更精细的描述，而且有助于对这些口译语言特征的性质、成因以及效果做出更客观、更深入的解释（胡开宝、陶庆，2009，2010，2012；杨承淑，2010：194-221）。

此外，对口译文本进行精确的时间切分，也有利于对口译

[①] 其他两种是：左右平行格式（column）、上下分离式（partiture）。这三种格式各有特点，要结合具体文本特点及研究目的有选择地应用（陶红印，2004）。

语言搭配特征、口译语义韵的认识，促进对口译操作风格的客观判断，进而形成对口译员个人操作倾向的评价，充实译者主体性研究的内涵，这也是未来语料库口译语言特征研究的一个重点方向（胡开宝，2011：190）。

在此基础上，根据Shlesinger关于多模态语料库的建设构想（Shlesinger，1998），利用线性时间转写方法，可以进行笔译与口译文本"普遍性"的对比分析。一方面利于明确笔译与口译普遍性的差异："简化"在笔译与口译中的类型、程度、作用是否一致？"复杂化"是口译操作的一种特征（胡开宝、陶庆，2012），但笔译是否也存在类似特征？另一方面，上述研究成果也可成为基于笔译语料库的翻译普遍性研究的有益补充，进而从整体上更客观地认识翻译普遍性的本质属性、分布状况、形成原因、应用价值等问题（胡显耀、曾佳，2011；肖忠华，2012；王克非，2012）。

2. 易于口译质量的客观评价

同声传译是源语听辨、信息存储、意义表征、语言转换、译语表达与监控等环节紧密衔接、"重叠"进行的认知加工行为，对信息存储与加工的同时性有非常高的要求。加之材料主题、工作环境等方面的影响，信息的遗漏成为同传中最普遍的失误现象，经验丰富的职业口译员亦在所难免（Gile，1997a，1997b）。

因此，明确口译遗漏现象的具体表现及形成原因，一方面有利于准确判断口译实践中各种口译策略的应用情况及实际效果，形成对口译质量的客观判断；另一方面，关于口译遗漏类型与影响的相关数据或结论既有助于加强口译训练的针对性，也有益于改进口译实践策略，从而提高口译教学效果和实践水平。如：

【例2】

S29：-从 经营/⁴'⁵⁶'' % 利率&- 净利率⁴'⁵⁸'' 的~，及 净资产⁵'⁰⁰'' 收益率
from operation % profit rate& net profit rate P¹, and net asset profit rate
I29： ＋ ＋ ＋ ⁴'⁵⁹'' and if we look at the~ EPA %
来 看\，公司 的⁵'⁰²'' 赢利能力 很 强⁵'⁰⁴''。
[come look], company P¹ profitability VERY STRONG.
trade⁵'⁰¹'' net profit and~⁵'⁰³'' %%equity⁵'⁰⁵'', we can see that it is very profitable⁵'⁰⁷''.

S30：-%经营⁵'⁰⁶'' 利润率 从 2002 年⁵'⁰⁸'' 的/~ 19% 上升 到 去⁵'¹⁰'' 年
operation PROFIT RATE from 2002 year P¹ 19% rise to last year
I30： ＋ ＋ ＋ ⁵'⁰⁹'' company and also high
的 31%⁵'¹²''，+⁵'¹⁴''反映出/公司 的 赢利能力⁵'¹⁶'' 在 不断地 提高⁵'¹⁸''。
P¹ 31%, reflect company P¹ profitability P³ continuously raise.
return⁵'¹⁰'' + $ $ +⁵'¹⁵'' the~ profi~ta~bi~li⁵'¹⁶'' ~ty of the company is on the rise⁵'¹⁸''.

　　本例中，由于S29处理时间过长，对"经营利润率"这一概念又不确定（EVS明显较长，另见例6-1），而后续这一连串关键性数字又与"经营利润率"密切相关，不能贸然处理，因此不得不进行较长时间的存储，记忆压力巨大，直接影响了本来不难处理的数字信息的传达效果，甚至导致了该段信息的流失。这是一个典型的由于语速快、信息密度大而形成的记忆压力所导致的遗漏现象。再如：

【例 3】

S57：'因此$^{9'40''}$，国内 的~$^{9'42''}$领先 企业 可以 凭借$^{9'44''}$ 其~

so, domestic P^1 leading enterprises can rely on DK→DEMtheir

I57： $^{9'40''}$though&, therefore-$^{9'42''}$, leading~ Chinese$^{9'44''}$ businesses/can also$^{9'46''}$ +

产品 质量 及$^{9'46''}$价格 的 优势 $^{9'48''}$, -进入 这些 地区\$^{9'51''}$。
PRODUCT QUALITY and price P^1 advantage, enter DEMthese areas. $^{948''}$have a chance in those markets$^{9'50''}$ with its#- good product$^{9'52''}$.

本例中，译员对汉语结构进行了较大调整，将汉语的前置状语"凭借其产品质量及价格的优势"处理为译语中的后置状语"with..."。这样，口译员在处理汉语动宾结构"进入这些地区"的同时，要在较长时间内保持汉语前置状语的关键信息，信息记忆压力增大。因此，虽然"价格优势"这个词语本身在语言转换层面并不困难，但记忆压力以及对后续信息的处理影响了该词的处理效果，构成了明显的记忆性省略。这是一个典型的由于源语结构重大调整而形成的记忆压力所导致的遗漏现象。

3. 适于分析口译策略的性质及其作用

口译实践中，在迅速把握源语语言结构、准确判断原文语义信息的基础上，口译员一般会灵活采用省略、预判、替代、转换等多种翻译策略（Riccardi, 2005; Bartlomiejczyk, 2006），实现原文核心信息的有效传递，促进口译交际活动的顺利进行。如：

【例4】

S70: $ 大家 知道 ,$^{11'14''}$未来 的 5 年/, 每 年$^{11'16''}$将会 有~ 2000
TK→DK→all know, IF>future P^1 5 years, every year will have 200 billion
I70: $^{11'14''}$in the next 5 years, annually/$^{11'16''}$, +$^{11'18''}$ there- $
至 3000$^{11'18''}$亿人民币-的 电网$^{11'20''}$ 建设 投资\$^{11'21''}$。
to 300 billion RMB P^1 electric net construct invest.
will be~@$^{11'20''}$investment of~ 200 to $^{11'22''}$300~ billion *yuan*\ on$^{11'24''}$ grid construction&$^{11'26''}$ grid build-up$^{11'27''}$.

本例中，"大家知道"仅是一种口语化的表达形式，对整句的语义完整性并无重大影响。因此，口译员应用省略策略，节省了时间和更多资源，直接处理后续信息，有效提高了该句语义信息的传递效果。再如:

【例5】

S17: 威胜仪表 2005 年度/~$^{2'44''}$ 仍然 取得 骄人的 成绩\$^{2'46''}$。
WeiSheng meter 2005 year still obtain pride-worthy achievement.
I17: $^{2'44''}$in 2005, we$^{2'46''}$ achieve very good turnover$^{2'48''}$.

S18: 全年/ 营业额 达 人民币$^{2'48''}$ 4.5亿 元\$^{2'50''}$, 较~ 2004 年度$^{2'52''}$
DK→whole year profit reach RMB 450 million *yuan*, compare 2004 year
I18: + + $^{2'50''}$reaching 445 $^{2'52''}$million&
增长 39%\$^{2'54''}$。
increase 39%.
28%$^{2'54'}$& growth over 2004.$^{2'56''}$

注:本例译文中445应译为450，28%应译为39%。此处根据真实语料转写，反映译者的真实表现。

本例中，基于对主题（金融与投资）及语境信息的准确预判，在S17中，口译员将关键信息（"营业额"，turnover）提前传达出来。在S18中，口译员就略去重复出现的"营业额"，利用较充分的等待时间，集中精力处理后续新信息，即营业额的具体变化情况（特别是数字），简洁而迅速地传达了核心信息，圆满地完成了该段口译任务。

4. 利于确定口译转换单位的性质与分布

翻译单位是翻译实践、教学与研究均非常关注的一个话题，与翻译质量评估、翻译能力界定与测量，乃至翻译认知机制等问题密切相关（司显柱，2001）。对即时性非常突出的口译操作（尤其是同传）而言，确定口译转换单位不仅具有明显的实践指导意义，有利于完善口译教学方法、确定口译训练重点，而且也有助于认识口译信息处理的认知机制，提升对口译操作的理性认识。而且，虽然部分研究已经利用实例分析、实验处理等方法，探讨了口译转换单位的时长、内容、作用等因素（王建华，2012；杨承淑，2010：168-191），但限于数据规模或被试性质，数据代表性及结论普遍性尚待验证。

因此，利用线性时间对齐转写方法，能够直观显示原文与译文的对比状况（包括对应、替换、增补、减略等形式），有利于迅速而准确地判断原文信息在译文中的传递情况，同时便于分析信息对应的语言层级表现（包括词（组）、小句、句子等）及其比例关系（张威，2012），最终有利于确定口译的转换单位。

当然，要确定口译转换单位，除考察原文与译文在语言层级上的对应关系外，更重要的是明确原文信息的有效传递，而非语言形式要素的简单对比[①]。因此，利用线性时间对齐转写策

[①] 这也是巴黎释意学派的核心思想：翻译（特别是口译）虽然不排除语言形式上的"符码转换"（code transfer），但翻译更主要的是意义与信息的传达（Seleskovitch，1975/2002）。

略,以各种对应形式的量化数据为基础,同时结合对原文信息传递效果的定性判断,应该是客观认识口译转换单位的一种合理思路和方法。

9.1.3.2 缺陷

首先,非常耗时耗力,虽然适合个案式考察与分析,但若广泛用于大规模口译语料库的建设,研究成本无疑将急剧增加,也会影响研究实施的周期计划。

其次,口译语料时间切分以及源语与译语对齐一定程度上依然需要人工处理,难以保证100%精确,影响语料对齐的统一性。

第三,无法对停顿、支吾、语音拖长等口译副语言现象进行准确标记,而这些副语言现象某种程度上是译员口译策略、认知水平的体现,对口译研究有重要意义(Poyatos,2002)。

第四,无法完全反映口译实践的社会性交际特点,难以充分显示口译现场条件及口译参与人员(如发言人、口译组织者、听众、口译员等)相互交流对口译操作的影响(张燕,2008)。

第五,这种转写策略目前只能用在书面文本上,而且只能进行人工辨认与分析,尚不能进行编码与标记,不能利用计算机进行大规模自动而准确的分析,这可以说是此项转写策略的最大缺陷。因此,如何能对线性时间对齐的口译文本进行编码,进而让计算机自动识读,这是该项转写策略能否真正服务于口译语料库建设与研究的关键所在。

9.2 口译语料转写的未来策略

9.2.1 语料采集技术与程序的完善

9.2.1.1 同步录音的最大化

在征得发言人、口译员以及口译会场管理人员同意的前提下，使用多台录音设备对发言人与译员进行同步录音，最大程度上实现原始材料的时间同步或对齐。

9.2.1.2 多媒体技术综合应用

首先，可以利用双声道录音机，将源语与译语录制在两个声道上，并可将录音材料转换为MP3、RM等格式，以便后期进行同步对齐处理（电子格式文本则可利用声音处理软件进行时间切分或编辑），利于后续精细对比分析。

其次，考虑利用录像设备，对发言人及口译员进行全程录像，一方面客观再现真实口译交际场景下非语言信息的交流状况（如动作、表情等），另一方面弥补语音录制存在的不足（如噪音、音质不清等）。

最后，将音频、视频、书面文本等三种材料汇总为一个整体文档，实现同一对象的多模态语料并存的格局，以利于后续语料检索加工与文本分析的立体化或系统化。

9.2.2 语料转写单位的针对性

口译的实践特性要求口译员迅速判断原文信息内容与重要性，并结合译语表达特点，即时传递源语核心信息。因此，"信息对等""功能等效"应该是口译质量评价的首要因素，"字字对译"或"逐句对应"并非口译实践的常态。因此，明确口译中原文与译文的信息对应关系，并在语料转写中加以体现，应该是未来口译语料库建设与加工的一项重要工作。

具体来说，口译语料转写要反映口译实践中"信息对应"，应注意以下环节（张威，2012）：1）对源语与译语语料进行严格的线性时间对齐转写，作为后期信息对应的基础；2）根据信息性质对新旧信息进行标注；3）确定源语信息主题内容及分布状况，以备后期判断译语信息传达的完整性；4）根据源语信息单位构成及内容，确定译语中相应信息的保持情况。

9.2.3 语料转写方法的复合化

所谓"复合化"转写，是指对同一口译语料进行"多重转写"，其设计思路是实现口译语料在不同层次语境下的多维展现，主要内容包括：线性时间对齐、句对齐、信息对齐等。

三种转写策略复合应用的具体原则为：线性时间对齐注重微观语境，重点考察精细语言对应情况及其对信息保持的影响；句对齐将源语与译语对应情况拓展到句子层面，考察独立语义环境下源语信息的传达效果；信息对齐突破了语言形式对应的束缚，反映口译实践重在信息传递的特质，重点考察源语核心信息的传递效果。如：

【例6-1】线性时间对齐

S48: -$^{8'00''}$也就是说，$^{8'02''}$即使 是 已经 安装 使用 了$^{8'04''}$~先进 的/~ 电子式
　　　　　　that is to say, even [SHI] already install use P^2 advanced P^1 electric

I48: 　　　　　　　　$^{8'02''}$so even for those -$^{8'04''}$ household which have$^{8'06''}$
电能表　　　的$^{8'06''}$用户\，在　　　　其　　　　电能$^{8'08''}$表~
electric power meter P^1　users, P^{3}when/if DK→DEMtheir electric power meter
already install~ed these-$^{8'08''}$**NEW~ electric meter**$^{8'10''}$**\, by some time, they have** $^{8'12''}$**to~**
使用 到 一定$^{8'10''}$ 时间 内\， 也 都 必须 进$^{8'12''}$行-定期的~ 更换\$^{8'14''}$。
use to TK→certain time [within], P^{4}too all MUST undergo regular replace.
replace the old$^{8'14''}$**one with new one**$^{8'15''}$**.**

本例标注方法同例1至例5所示，可以清楚地考察译语与源语的时间间隔（EVS），便于分析信息保持程度（如方框标记的遗漏现象）、口译策略位置与效果等（如译文中的解释性策略"replace the old one with new one"）。

【例 6-2】句对齐

S48：也就是说，即使是已经安装使用了先进的电子式电能表的用户，

I48：so even for those household which have already installed these new electric meter,

S49：在其电能表使用到一定时间内，也都必须进行 定期的 更换。

I49：by some time, they have to replace the old one with new one.

本例中，以相对独立的语义为分割点，将源语单位切分为若干"小句"，同时配以译文，形成句对齐（王克非 等，2004），便于以小句为单位，在相对较大的语境内考察源语信息的保持效果及其具体策略。

【例 6-3】信息对齐

S48：也就是说，即使是//已经安装使用了先进的电子式电能表的用户//，

I48：so even for //those household which have already installed these new electric meter//,

S49：//在其电能表使用到一定时间内//，也都必须进行// 定期的 更换//。

I49：//by some time//, they have to //replace the old one with new one//.

本例中，在句对齐基础上，源语核心信息再用双斜线标记，遗漏信息用方框标记，这样可以准确描述源语核心内容的传递状况，有利于对口译质量做出更客观的判断。

总之，不同转写方式复合应用，共同描写同一口译语料，能够最大限度地发挥各种转写策略的优势，从而更有利于挖掘口译语料背后的规律。当然，各种转写策略相互如何协调、各种标记方法是否一致、标记痕迹如何在同一语料库中体现等等，都需要开展实际操作加以检验，才能全面评价复合转写策略的适用性及其作用。

9.3 小结

语料转写是决定口译语料库代表性的一项关键工作,转写的程序与操作规范都可以成为研究课题。线性时间对齐转写是一种较为成熟可行的转写策略,但在实际操作中,这种方案的优缺点同样明显。因此,结合口译语料库的建设规划,如何最大程度地发挥各种转写策略的优势,将是未来口译语料库建设与研究的一项重要任务。

基于语料库的汉英会议口译中语篇意义显化及其动因研究 *

10.0 引言

显化是指译者在目的语文本中明示源语文本中隐含的意义。自从Blum-Kulka（1986）提出显化假设并将其视作翻译共性以来，译学界就显化的本质和动因展开研究。Klaudy（1998）指出显化的主要原因在于不同语言文化的区别及不同语言篇章构建策略和文体偏好的差异。胡开宝（2008）认为除语言文化差异之外，显化动因还包括译者因素，譬如译者对具体层次读者的重视，所运用的翻译策略和方法等。而Olohan & Mona Baker（2000）主张显化是包括翻译在内的语言转换中的一个普遍倾向，与源语和目的语差异无关。然而，这些研究局限于书面翻译文本的分析，关于口译中显化的研究成果比较少见。为此，本章拟基于汉英会议口译语料库（CECIC），采用ParaConc和Concapp等软件，探讨汉英会议口译中的语篇意义显化及其动因。

---

* 胡开宝、陶庆，《汉英会议口译中语篇意义显化及其动因研究》（《解放军外国语学院学报》2009年第4期）。

10.1 语篇意义显化

根据Halliday（1985）的观点，语言所表达的意义可分为概念意义、人际意义和语篇意义。概念意义是指语言可用于描述主客观世界，表达对事物的认识和感受。人际意义则指语言用来表现、建立或维持人际关系，影响别人的行为，或表示对世界的看法。语篇意义指语言用于组织话语或语篇信息，使语言与语境发生联系，表明信息之间的关系。从这个意义上讲，显化指译者在译作中明示源语文本中隐含的概念意义、人际意义和语篇意义。相应地，显化可分为概念意义显化、人际意义显化和语篇意义显化。

本质上，语篇意义显化是指目的语文本凸现源语文本隐含的语句之间的关系，或以显性衔接代替隐性衔接。德国学者洪堡（Wilhelm von Humboldt）在《论语法的性质和汉语的特性》一文中指出："任何语言的语法总有一部分是明示的，借助于标记或语法规则显示出来，另一部分却是隐藏着的……"（转引自申小龙，1993）在任何语言的应用过程中，一部分语句之间关系是明示的，另一部分则是隐含的。这些关系的明示或隐含的选择均以具体语言文化规范为依据。然而，一旦将具体语言译成另一种语言，这些关系明示和隐含之间的平衡必然会打破。由于源语和目的语语言文化规范存在不同程度的差异，译者常常根据目的语语言习惯，明示源语文本隐含的语句关系，使译文自然、流畅。一般而言，语篇意义显化表现为：1）明确交待人称代词、指示代词或其他照应手段所指代的具体事物；2）在译文中添加连接词，使得不同语句之间的逻辑关系明朗化；3）将源语文本省略的句子成分明示。Blum-Kulka（1986）指出语篇层面显化是与翻译过程中粘连和连贯转换或隐性和显性篇章标记语相关的显化，其原因在于不同语言系统的差异，以及不同语言对粘连标记语的文体偏好。他认为，在英语—希伯来语翻译中，运用词汇重复的方法翻译英语代词，会使译文更加明晰。Seguinot（1988）根据英语—法语翻译语料的分析，提出添加连接词语会提高译文的显化程度。

10.2 汉英会议口译中的语篇意义显化

从对译文影响角度上说，语篇意义显化可分为强制性显化和选择性显化。前者指由于源语和目的语之间的差异，译者必须运用的显化，否则译文不符合目的语语法规范。后者的应用虽然与源语和目的语差异不无关联，但主要是由于具体翻译活动的特点及译者的文体偏好所致。如果不运用这类显化，译文虽然在语法上是正确的，但不够地道、顺畅。相比较而言，选择性语篇意义显化更具有研究价值。研究这类显化，不仅可以比较源语和目的语语言文化规范的差异，而且还可以了解不同种类翻译的特征和译者风格等。本章以选择性显化为研究对象，分别考察了引导宾语从句或状语从句的连接词"that"、不定式符号"to"和表示逻辑关系的连接词等在汉英会议口译中的应用，以及"这个（些）+ 名词"结构的翻译处理，分析口译中显化现象的具体特点。在汉英翻译中，这些词汇或结构的应用并非强制性，其应用与否与译文是否符合目的语语法规范并无关联。

10.2.1 连接词"that"的应用

连接词"that"可引导主语从句、宾语从句和同位语从句，还可用于做表语的形容词后引导原因状语从句。"that"引导主语从句和同位语从句时不能省略，而引导宾语从句和原因状语从句时则常常省略。Quirk等（1985：1049）指出，"除正式场合之外，当'that'引导的从句为宾语从句和原因状语从句时，'that'常常省略……如果需要清晰地表达，在含有状语或其他修饰语的复合句中，'that'一般不省略"。根据Rohdenburg（1996）的观点，"that"常作为清晰的界限符号，明确主句和从句之间的关系，从而避免歧义。由此可见，"that"常用于明示主句和宾语从句，或主句和原因状语从句之间的关系。

为考察引导宾语从句或原因状语从句的连接词"that"的具体应用，我们运用Concapp软件的Concordance功能，对汉英会议口译英译语料、英语原创记者招待会语料和十七大报告英译语科进行比较分析，获得以下数据。

表 10.1 引导宾语从句或原因状语从句的连接词"that"的频数

语料	绝对频数	标准频数（每万字频数）
汉英会议口译英译语料	276	60.2
英语原创记者招待会语料	170	53.5
十七大报告英译语料	42	20.3

如上表所示，汉英会议口译英译语料中"that"出现的标准频数最高，比英语原创记者招待会语料超出13%，是十七大报告英译语料的3倍。在汉英会议口译英译语料中，"say（says, saying, said）that"出现次数最多，为48次，标准频数为10.4；"believe that"出现次数次之，为30次，标准频数为6.6。在英语原创记者招待会语料中，出现次数较多的搭配依次为"make sure that"（绝对频数28，标准频数为8.8）"say（says, saying, said）that"（绝对频数21，标准频数6.6）和"believe that"（绝对频数19，标准频数5.98）。而在十七大报告英译语料中，绝对频数最高的搭配是"ensure that"，为25次，标准频数为12.1。与英语母语者相比，汉英口译译员更倾向于用"that"。尤其在"say（says, saying, said）"和"believe"等动词之后，口译译员通常选用"that"，以明确表现主句和宾语从句、主句和原因状语从句之间的关系。在口译语料中，"say（says, saying, said）that"和"believe that"出现的标准频数分别比上述英语原创语料超出58%和10.3%。而较之于作为书面翻译的

十七大报告英译本，汉英会议口译运用"that"作为显化手段的趋向尤为显著。

10.2.2 不定式符号"to"的应用

英语连接词"and"连接两个动词不定式时，第二个不定式后的不定式符号"to"常省略。不过，有时为凸显不定式之间的并列关系，人们使用不定式符号"to"。我们比较分析了汉英会议口译英译、英语原创记者招待会和十七大报告英译等语料中不定式符号"to"引导并列不定式的具体情况。请看下表：

表 10.2 不定式符号"to"的频数

语料	绝对频数	标准频数（每万字频数）
汉英会议口译英译语料	42	9.18
英语原创记者招待会语料	11	3.46
十七大报告英译语料	5	2.42

根据上表，汉英会议口译语料中，不定式符号"to"的标准频数是英语原创记者招待会语料的2.65倍，十七大报告英译语料的3.8倍。在上表所列的语料中，不定式并列结构总数分别为120句、49句和47句，使用不定式符号引导第二个不定式的并列结构分别占总数的35%、22%和11%。与笔译译者及英语母语者相比，汉英会议口译译员更倾向于使用不定式符号"to"，以明示不定式之间的并列关系。

【例1】我们天天都在看人民来信，怎么满足他们的愿望，实现他们的要求呢？

We are reading letters from our people every day and we are doing our best to satisfy their needs and to meet their demands.

【例2】现在台湾也有些人是挟洋天子来保护自己，其目的是在于拖延统一，继续分裂祖国，是这么一个问题。

That is, they are trying to rely on the foreigners so as to protect themselves. And I think their true purpose is to delay the reunification of the country and to continue to perpetuate the state of a division of the motherland.

以上两例均取自于汉英会议口译语料。"to satisfy their needs"和"to delay the reunification of the country"分别与"to meet their demands"和"to continue to perpetuate the state of a division of the motherland"并列。相并列的第二个不定式之前的"to"在书面语言或书面翻译中均可省略，但在口译语料中，为帮助听众在较短时间内掌握不定式之间的并列关系，该符号在第二个不定式之前往往予以保留。"to"所起的作用相当于话语标记语，提示听众下文的基本语法和语义信息。

10.2.3 逻辑关系连接词的应用

逻辑关系连接词表示语句之间的逻辑关系，主要分为表示因果、转折、目的、让步和假设等逻辑关系的连接词，其使用频率的高低在很大程度上影响语句关系的显化程度。

首先，统计分析了因果关系连接词"because""so""thus""as""since""for""hence"和"therefore"，转折关系连接词"but""however""yet"和"nevertheless"，目的关系连接词"so as to""in order to"和"so that"，让步关系连接词"although"和"though"，以及假设关系连接词"if"等在汉英会议口译英译、英语原创记者招待会和十七大报告英译等语料中的使用频率。具体情况如下表所示。

表 10.3　逻辑关系连接词的频数

逻辑关系连接词	汉英会议口译英译语料中绝对频数	汉英会议口译英译语料中标准频数	英语原创记者招待会语料中绝对频数	英语原创记者招待会语料中标准频数	十七大报告英译语料中绝对频数	十七大报告英译语料中标准频数
因果关系连接词	276	60.2	180	56.7	7	3.39
转折关系连接词	219	47.8	148	46.6	10	4.84
目的关系连接词	72	15.7	18	5.7	25	12.1
让步关系连接词	9	1.97	3	0.94	1	0.48
假设关系连接词	96	21	81	25.5	0	0
总计	672	146.67	430	135.44	43	20.81

由上表可知，汉英会议口译英译语料中逻辑关系连接词的使用频率最高。除假设关系连接词外，汉英会议口译英译语料中逻辑关系连接词的标准频数均高于英语原创记者招待会语料，前者目的关系连接词的使用频率是后者的2.75倍。与十七大报告英译语料相比，汉英会议口译英译语料中逻辑关系连接词的使用频率是前者的7.05倍。必须指出，十七大报告是关于我国政治路线和方针政策的重要文件，语句多为明确的政策宣示和事实陈述，较少使用表示让步关系和假设关系的连接词。因而，十七大报告英译语料中，让步关系连接词和假设关系连接词的使用频率非常低，与政策和事实阐述直接相关的目的关系连接词的使用频率较高，是英语原创记者招待会语料的2.12倍，但比汉英会议口译语料中目的关系连接词的使用频率低。

其次，运用ParaConc软件，以主要英语因果连接词"because"

"so""thus""therefore""for"和"as",转折连接词"but""yet"和"however",假设连接词"if",目的关系连接词"so as to""in order to""so that"等为检索项,提取汉英会议口译语料中含有这些词汇的语句及其对应的汉语原文,分析译文中逻辑关系显化的具体例证。

表 10.4　汉英会议口译语料中逻辑关系显化例证

逻辑关系连接词	含有相应逻辑关系连接词的语句数量	语句之间逻辑关系显化的例证数量
because	66	24
so	258	147
thus	0	0
therefore	3	0
for	6	3
as	3	0
but	165	60
yet	0	0
however	54	12
if	96	63
so as to	30	24
in order to	15	12
so that	27	21
总计	723	366

根据上表,汉英会议口译语料中逻辑关系显化现象十分显著,逻辑关系显化例证数量占含有相应逻辑关系连接词语句总数的51%。口译译员十分注重语句之间目的关系和因果关系的显化,这两类关系显化例证数量分别占含有相应逻辑关系连接词的语句总数的80%和52%。转折关系显化程度也不低,其例证数量占相应语句总数的33%。就连接词的使用而言,口译译员尤其倾向于选用"so""but""if"和"so as to"来明示语句之间的逻辑

关系，含有这些词汇的显化例证数量为98个，占逻辑关系显化例证总数的80%。

【例3】我订三年的目标是因为我估计到这个问题的艰巨性，不能搞得太急，但是主要的任务在今年完成。

The reason why we have set the target of three years is that we have estimated that this will be a very arduous and complicated issue. So we can't rush into the reform. But the main tasks of the reform will be completed within this year.

【例4】是的，中国电信正在降价，降得还不够，还要成倍地降！

Indeed, China Telecom is reducing the prices, but I don't think that reduction is far enough. I think the prices should be reduced continuously, and by several times.

【例5】我刚才已经说过，住房的建设将要成为中国经济的新的增长点，但是我们必须要改革现行这种福利分配房屋的政策，把它改为货币化、商品化，让人民群众自己买房子，要改变这个政策。

As I said earlier, the housing development will be the new growth point in China's economy. So, to achieve this objective, we must change the policy of the welfare allocation of housing so as to monetarize and commercialize all the housing so that the people can purchase their own houses.

在以上汉英会议口译实例中，一些汉语语句之间没有使用逻辑关系连接词，其内在逻辑关系可以根据上下文推出。译员分别选用"so""but""so as to"和"so that"明确交待了这些语句之间隐含的逻辑关系。这些词汇的应用，使得原文语句之间的隐性衔接转变为显性衔接，语句之间的关系一目了然，大大方便了听众的理解。

10.2.4 "这个(些)+名词"结构的翻译处理

如前所述,语篇意义显化具体表现为明确交待人称代词、指示代词或其他照应手段所指代的具体事物。我们分析了做主语或宾语的"这个(些)+名词"结构在汉英会议口译和十七大报告英译中的翻译处理。一般而言,这一结构的翻译处理采用两种翻译方法:1)显化,即译出这些词汇所替代的具体事物;2)直译,即按照这些词汇的字面意义翻译。该结构的翻译处理情况如下表所示:

表10.5 "这个(些)+名词"结构的翻译处理

	直译	显化
汉英会议口译语料	219	45
十七大报告英译语料	20	1

根据上表,在汉英会议口译语料中,"这个(些)+名词"结构的显化例证数量占该结构总数的17%,而在十七大英译语料中,显化例证数量只占该结构总数的4.8%。与十七大报告英译相比,汉英会议口译语料更倾向于对"这个(些)+名词"结构进行显化处理。

【例6】(所有我们中国的领导人所接见的外宾很少有不谈人权问题,好像不谈中国的人权问题回去就不好交代。)因此在这个问题上面我重复了多遍以后,我今天实在不想再讲了。

(It seems that without mentioning the question of human rights, they would find it difficult to account for it or to justify themselves after going back.) But after repeating so many times on the question of human rights, I'm really very reluctant to talk about it any more today.

【例7】中国在中东问题上有自己的立场,我们是支持中东和平进程的,而且我们希望这个进程能够持续不断地前进,直到最后,最终地解决巴勒斯坦的最终地位。

We have our position on the question of the Middle East. Our position is China is supportive of the Middle East peace process. We hope that the Middle East peace process could be sustained and continue to move forward till eventually questions like the final status of Palestine can be resolved.

在例6和例7中,"这个问题"和"这个进程"的翻译均采用显化手段,分别译作所指代的具体事物,即"the question of human rights"和"the Middle East peace process"。其实,这两个词语也可直译为"the question"和"the process",与前面语句中的"the question of human rights"和"the Middle East peace process"相照应。

10.3 汉英会议口译中语篇意义显化的动因

如前所述,强制性语篇意义显化形成的原因在于源语和目的语差异,非强制性语篇意义显化不仅与源语和目的语的差异有关,而且与译者的翻译风格不无关联。从这个意义上讲,汉英会议口译中语篇意义显化的动因主要包括英汉语言差异动因和口译译员动因。Blum-Kulka(1986)指出两种语言的语法体系不同,其衔接手段的使用方式也不同。当一种语言翻译成另一种语言需要进行衔接转换的时候,这种转化往往导致语篇衔接关系的显化或隐化。Shuttleworth和Cowie(1997:55)强调,译者在翻译过程中常常添加连接词等来增强译本的逻辑性和易解性,从而使得目的语文本以更明显的形式表述源文本的信息。Maeve Olohan和Mona Baker(2000:141)基于翻译英语语料库和英国国家语料库中"that"使用频率的比较分析,认为翻译显化原因之一在于译者的翻译风格偏好。

10.3.1 英汉语言差异动因

众所周知,英汉语言之间最本质的差异是形合和意合之别。英语注重形合,句子成分之间或语句之间的连接是通过各种语言形态手段或连接手段来实现的,这些形态手段和连接手段用于表达语句的语法意义和逻辑关系。英语强调显性连接,句子成分或语句之间的连接凭借连接词(如if,but,since等)、关系代词、关系副词、分词短语和介词等。与之不同,汉语注重意合,即句子成分之间或语句之间的连接依仗词语和语句所描述事件或情况的先后顺序和内在逻辑关系。汉语没有词汇的形态变化,强调隐形连贯,较少使用连接词,语法意义和逻辑联系常常隐含在字里行间。王力(1984:474)指出,"子句与子句的关系,在中国语法里,往往让对话人意会,而不用连词";"中国语法只以达意为主,如初系的目的位可兼次系的主语,又如相关的两件事可以硬凑在一起,不用任何的connective word"。

由于英汉语言形合和意合这一差异,汉译英时,译员常常使用连接词再现汉语原文的逻辑关系,或使汉语原文语句之间隐含的逻辑关系明朗化。根据上述各表,汉英会议口译的英译语料中,表示因果、转折、假设和目的等逻辑关系的连接词共有723个,其中51%的连接词并非译自汉语原文,而是译员根据汉语语句之间的内在逻辑关系所选用。这些连接词的使用,不仅可以使译文符合英语语言的形合特点,而且能够凸显语句之间的逻辑关系,使译文容易为听众所理解。在例5中,汉语原文只用了"但是"这一表示转折的连接词,句子成分之间大多没有使用任何连接词。但其英译中,译员除选用"but"翻译"但是"之外,还选用了"so""so as to"和"so that"等连接词明示汉语原文隐含的目的关系。译文因而不仅与英语形合特点契合,而且语句关系一目了然。同样由于英语形合规范的制约，例4中汉语原文没有使用连接词，但其译文选用了"but"和"and"等连接词，语句之间的逻辑关系非常清晰。

10.3.2 口译译员动因

作为口译实践的主体，口译译员无疑是汉英会议口译中语篇意义显化的重要动因之一。他们采取的翻译策略和方法，以及对听众的关注都会对语篇意义显化及其程度的高低产生影响。

显化本质上是译者为增加译文的可读性，对原文语法、语义、语用和语篇信息所做的解释。译文显化程度与翻译过程中译者所做的解释直接相关。译者的解释程度越高，译文显化程度便越高。Blum-Kulka（1986）强调"成功的翻译需要对语篇和话语进行复杂的处理，译者对原文进行阐释的过程可能会导致译语文本比源语文本冗长"。柯飞（2005：302-307）也认为，翻译涉及的两种语言在社会或文化上的差距越大，可能越需要解释性的显化。他引用许国璋的哲学著作翻译实例，指出译者运用解释程度很高的阐译或释译方法，会提高译文显化程度，比直译更能使原文清晰、易懂。如：

【例8】Gunpowder strengthened central government at the expense of feudal nobility.

译文1：火药用于争战，中央政府因之以强，拥据领地之公侯因之而弱。

译文2：火药消灭了封建贵族而巩固了中央集权统治。

例8中，译文2采用了直译方法，译文不易为读者理解。译文1则运用释译方法，"用于争战"使上下文之间的因果关系一目了然，译文清晰、易懂。

显然，源语和目的语语言文化的差异越大，译者便越需要进行解释，目的语文本的显化程度便因此越高。

与作为笔译载体的书面语言不同，口译活动的语言载体口头语言转瞬即逝，存留的时间非常短暂。由于口译的这一特点以及人类记忆机制的限制，口译译员很难记住口译原文的语言形式，所能记住的只是原文的意义。心理学研究表明，人类瞬时记忆保持的时间仅为0.25~2秒，短时记忆也只能持续1分钟左右，口译译员要在很短时间内记住原文每个词汇显然不可能，也没有多大实际意义。毕竟，听众所感兴趣的是原文整体意义，并非原文形式。而且，口语中信息冗余度非常高，如果译员一味强调记忆并翻译原文中的每个词汇，往往会仅仅抓住冗余信息，不能有效再现原文整体意义。在笔译过程中，译者不能无视源语语言形式对翻译活动的制约，他们不仅追求源语语言与目的语语言意义上的对等，而且尽可能实现目的语语言与源语语言形式上的对应。他们虽然也运用解释性翻译方法，但对源语进行解释的自由度远远不及口译译员，其解释程度也没有口译过程那么高。而在口译过程中，译员不可能像笔译译者那样依据原文语言形式逐字逐句地翻译，译员主要采用解释性翻译方法，即译员依赖脱离原文语言形式的意义，提取原文的含义并运用目的语进行解释，使目的语听众了解原文的意义和主要信息。这些解释包含着译者基于原文意义所做的合理推理和补充解释。根据巴黎释意理论创始人达尼卡·塞莱斯科维奇（1990：228）的观点，口译本质上是一种释意过程，即译员脱离源语语言形式并解释出其中含义的过程。刘宓庆（2003：188-194）认为口译的基本策略是以意义为主轴的即时性解释。鲍刚（2005：236-237）指出，"各种口译技术归根到底仍主要是某种'释意'的过程，亦即对意义的感知、对源语的'脱离'以及对译语的组织——以便较好地把意义抽取出来并表达的系列过程"。实际上，在口译中，译员只能翻译讲话者话语的意义，因为话语消失后唯一能留在记忆中的内容是意义。由于译员需要在脱离原文语言形式的基础上解释原文的含义，他们对源语进行解释的程度较之于笔译译者会更高，口译的显化程度自然要高于笔译。

通常，英语连接词"that"引导宾语从句时可以省略，而不定式符号"to"引导并列的第二个不定式时也常常不用。然而，在汉英会议口译中，译员倾向于使用这两个词汇，方便听众理解源语具体语句之间的关系。由上述各表得知，"that"和"to"在汉英会议口译中使用频率不低，其使用的标准频数均是内容相近的十七大报告英译本的3倍多。同时，汉英会议口译中逻辑关系连接词的总数为723个，标准频数为146.67，其中366个连接词系译者为明示源语语句意义之间的关系所加，占连接词总数的51%。十七大英文报告逻辑关系连接词总数为43个，标准频数为20.8，其中逻辑关系显化例证数量为7处，占逻辑关系连接词总数的16%。比较逻辑关系显化例证的标准频数，汉英会议口译语料为80，十七大报告英译本为3.4，前者的显化程度远远高于后者。

还应指出，口译具有非常明显的"即席性"特点，即说话者事先没有准备，边思考边讲话。因此，译员不能像笔译译者那样拥有充裕的时间查阅词典和参考书，思考语句和篇章的最佳译文，他们不得不在较短时间内运用目的语将说话者讲话的含义讲给听众听。许多国际组织要求口译译员进行交替口译时都必须在2~3秒钟内将源语译成目的语，而同声传译的要求则更高。为了使口译活动不间断地进行下去，口译译员停顿的时间不宜过长，否则会出现冷场和信息反馈滞后导致的尴尬处境。在数秒钟的时间内，译员既要理解源语的含义，又要运用符合目的语语言文化规范的译文加以解释。要在几乎是瞬间的时间内完成这些任务，译员没有足够的时间或精力去思考复杂且富于变化的语言结构或词语。相反，译员的思维不得不趋于"简化"，选用易于理解或较为简单的目的语结构或词汇来译出源语的含义。这些结构或词汇的应用不仅方便听众的理解，更为重要的是为译员赢得了宝贵的思考时间，使译员能够腾出精力理解讲话者随后所说的话。研究表明，汉语倾向于重复，而英语则倾向于指称，避免重复。不过，根据上述各表，汉英会议口译语料中，汉语指称结构译成英语时，译员均采用重复的方法，将其译作与前文重复的词汇。例6和例7中，汉语指称结构"这个问题"和"这个进程"的译文分别与前文"the question of human rights"和"the Middle East peace process"相重复。这两个汉语指称结构本来可以译为"the question"和"the process"，但运用重复译法，显然要便捷得多，听众理解起来更容易。如前文所述，汉英会议口译中逻辑关系显化例证的标准频数远远超过十七大报告英译本，这固然与口译译员对源语进行解释的程度高于笔译译者有关，但更为直接的原因在于英语书面语中表示逻辑关系的手段非常丰富，除使用逻辑关系连接词之外，还可选用介词短语、分词短语和定语从句等。而在汉英会议口译中，由于时间限制，译者往往选用常用连接词来明示语句之间的逻辑关系。与其他逻辑关系的表现手段相比，这些连接词应用起来更简便，更能方便听众理解逻辑关系。

众所周知，口译是由说话者A、说话者B和口译译员三方共同参与的面对面的言语交流活动。说话者A和说话者B都可能不止一人，他们同时也是听众。译员充当着说话者A和说话者B之间交流的桥梁。译员虽然对言语交流中信息的传播具有一定程度的操控权利，但不得不承受来自同时是说话者的听众的压力。在口译过程中，听众始终在场，其姿势、表情和反应都会直接对译者应用包括显化在内的翻译方法施加影响。相比较而言，虽然笔译过程中读者对译者的翻译选择产生一定的制衡作用，但没有听众对译员的影响那么直接，那么明显。口译过程中，译员十分关注听众能否在很短的时间内理解经他传递的说话者讲话的大意。为了帮助听众理解，译员常常选用连接词或话语标记语，提示下文出现的语言结构和语义信息，减少听众在理解过程中所需付出的努力。由上述各表可知，"that"和逻辑关系连接词使用频率很高，其原因在于这些词汇的应用能够帮助听众迅速把握语句之间的逻辑关系。根据Slobin（1979：49）的观点，听众对含有连接词结构的反应比对不含连接词结构的反应更为迅速。另外，不定式符号"to"的频繁运用体现了听众对译员显化方法运用的影响。

10.4 小结

语篇意义显化是指译员为了提高译文的可读性，运用连接词或其他词语和结构，使源语文本隐含的语句关系明晰化。语篇意义显化分为强制性和选择性显化。研究表明，汉英会议口译语料中，引导宾语从句或原因状语从句的连接词"that"，引导第二个不定式的不定式符号"to"，以及逻辑关系连接词的使用频率均高于英语原创记者招待会语料和中共十七大报告英译本。逻辑关系显化的现象十分突出，"这个（些）+名词"结构的英译显化处理比较常见。我们认为英汉语言差异和口译译员本身是汉英会议口译中语篇意义显化的主要动因。一方面，由于汉语"意合"和英语"形合"的差异，译员常常选用英语连接词明示汉语原文语句之间隐含的逻辑关系。另一方面，口译过程中，译员频繁运用解释性翻译方法，并且十分关注听众能否在较短时间内理解说话者的讲话含义。

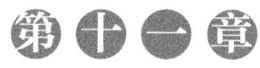

EPIC 语料库的建设与加工 *

11.0 引言

在翻译研究中,基于语料库的研究已经是一个分支。此分支发展已经较为全面,但是基于语料库的口译研究才刚刚起步。事实上,近年来一些所谓的基于语料库的口译研究仅仅是对极小规模数据的研究,而且均为对数据的人工分析,涉及的文本无法机器识别。这就意味着无法进一步应用一些在语料库翻译研究中广泛应用的由语料库语言学家研发的软件对数据进行分析。

Shlesinger在1998年发表的重要文献中呼吁发展口译类比语料库和口译平行语料库。一方面,针对同一语言翻译文本和非

---

* 1. 李向东、刘育红(译)(Monti *et al.* Studying Directionality in Simultaneous Interpreting Through an Electronic Corpus: EPIC (European Parliament Interpreting Corpus). *Meta*, 2005, 50(4): 114-129.);
2. 王建华(译)(Claudio Bendazzoli & Annalisa Sandrelli. An Approach to Corpus-Based Interpreting Studies: Developing EPIC (European Parliament Interpreting Corpus). *Mutra 2005-Challenges of Multidimensional Translation: Conference Proceedings*. http://www.euroconferences.info);
3. 詹成(译)(Annalisa Sandrelli & Claudio Bendazzoli. Lexical Patterns in Simultaneous Interpreting: A Preliminary Investigation of EPIC. http://www.corpus.bham.ac.uk/pclc/Lexicalpatterns.doc)。

翻译文本的类比语料库可以用于研究口译语言的特点；另一方面，针对源语言和目的语言的平行语料库，可以用于测试和验证现存的口译理论，尤其是关于口译策略和口译规范的理论。然而，创建口译语料库及相关研究还面临着一些方法上和实际操作上的挑战（Cencini，2002）。本章将描述欧洲议会口译语料库（European Parliament Interpreting Corpus，EPIC）的创建过程，阐述该语料库的特点，分析EPIC在研究中的应用前景，最后讨论未来研究构想。

11.1 欧洲议会多媒体口译语料库

11.1.1 语料选择

语料选择决定着语料的代表性，是语料库建设的关键步骤（Halverson，1998；Bowker & Pearson，2002）。而口译研究面临的问题是：第一，缺少大规模高质量的口译语料；第二，从方法论角度，"要想保证生态效度，得到可靠的结论，研究人员必须尽最大可能控制自变量，从而保证根据因变量选择的实验方法能够真实地反映研究的对象"（Shlesinger，1998：3-4）。因此，译员、译员工作环境、会议场合、发言人、主题等变量必须加以控制，以保证提供同质、可靠的语料来研究口译的方向性。

考虑到上述因素，我们决定选择欧洲议会全会（plenary sittings）作为语料来源，其主要优势是：1）从其数量和可用性来看，欧洲议会全会分会议每月举行一次，提供所有欧盟官方语言的同传服务。许多分会议通过卫星电视频道"欧洲广播卫星"（EBS）现场直播，观众可以选择语言频道。欧洲议会音视频档案部门和欧洲广播卫星部门已经批准，可以将这些语料用作教育和研究目的。2）欧洲议会的语料同质程度较高。所有发言都是在高度正式、制度化的场合产出的（Manuel Jerez，

2003a；Marzocchi & Zucchetto，1997）。负责提供口译服务的专业译员经过严格的筛选程序，水平高，经验丰富，由外语译入母语。3）欧洲议会网站提供会议辩论内容的文字报告，以及有关发言人、会议主题等信息。

11.1.2 语料收集与整理

11.1.2.1 语料收集

我们共使用4台卫星电视和4台录像机来研究每一场全体大会，记录下源声音频道、英语、意大利语和西班牙语声音频道（即工作在三个同传箱的译员）。由于录音环节无人监控，绝大多数的录像内容不仅仅包含欧洲议会的辩论环节，还包括了电视台播出的记者招待会和关于欧盟事件的短片。有时，会议中会配有所有欧盟语言的同声传译，有时只会限于英语、法语和/或德语，有的时候会议中甚至没有同声传译。尽管这些材料并不直接与欧洲议会口译语料库项目相关，我们仍决定将它们储存到其他的档案中供教学使用，就如在其他机构中所做的那样（Manuel Jerez, 2003b；Carabelli, 2003；Gran *et al.*, 2002）。

我们记录从2004年2月到7月共5场分会的内容。每天每种语言需要两盘录像带，每部分的会议需要28盘带子，总共需要140盘录像带。所有录制的内容都需要进行数字化处理以方便选取研究内容。

11.1.2.2 录像内容电子化

录像内容的电子化是指将模拟数据转为电子格式。我们使用Pinnacle Studio软件将源语录像电子化为MPEG的视频格式，使用WaveLab 和 CoolEdit将译语录音转为WAV音频格式（MPEG: 384×288‐512Kbits/Sec‐Freq.44, 1Hz‐Kbits/Sec 64 bit; WAV: Mono‐32.000‐8bit）。目前电子化的过程仍在进行当中，91盘录像资料已经完成了电子化。

电子化后的语料会被编辑并编目归档到欧洲议会口译语料多媒体档案库中。编辑是指在欧洲议会电子语料中挑选出研究所需三种语言的源语发言视频以及相应的译语音频,形成一个独立的视频、音频片段文档。为了实现语料的有效编辑,研究人员设计了分类体系,每个文档都有自己的参考编码。

需要说明的是,我们把译员的发言转换为数字化音频文件,因为录像中图像的内容都是相同的(即会议的发言人),而且我们这里需要的是音频信息(即译员的表现)。这样一来我们就获取了每个全体会议中的一个视频文件(使用不同欧盟语言作为官方语言的原始辩论),以及三个针对同样发言内容的英语、意大利语和西班牙语的同声传译音频文件。

因此,EPIC包括意大利语、英语和西班牙语的源语发言视频文件和相应的以其中两种语言为译语的同传音频文件,还包括这两类发言的转写文本。

11.1.3 语料描述

EPIC包含欧洲议会发言的电子版文本文件以及三种语言(意大利语、英语和西班牙语)的同传译文(见图11.1)。这些都是在欧洲议会全体会议上由欧洲议会议员、欧洲议会主席、副主席、欧盟委员会和欧盟理事会的代表、欧盟国家和非欧盟国家的宾客所做的发言。同传发言则由欧洲议会的口译人员完成。

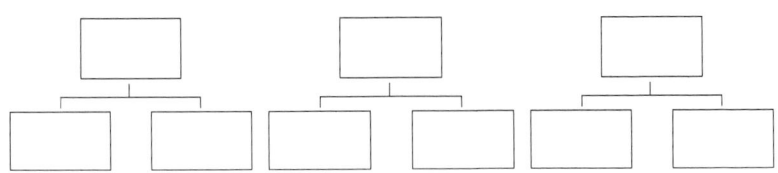

图 11.1　EPIC 语言组合结构

如前所述,EPIC是一个三种语言的语料库,每一种源语言的发言（意大利语、英语和西班牙语）都附有另外两种目的语言的翻译。这样一来，EPIC就不是一个单一的语料库，而是9个不同语言构成的子语料库，即3个源语言发言的子语料库，6个译语文本的子语料库（见表11.1）。

表 11.1　EPIC 的构成与规模

子库	发言数目	总词数	占EPIC的百分比（%）
源—英	81	42 705	24
源—意	17	6 765	3.8
源—西	21	14 468	8.2
意译英	17	6 708	3.8
西译英	21	12 995	7.3
英译意	81	35 765	20.1
西译意	21	12 833	7.2
英译西	81	38 435	21.6
意译西	17	7 073	4
总计	357	177 748	100

11.1.3.1　*源语发言*

1. 对org-en的描述

名为org-en的子语料库是用英语做源语发言（下文类同），占有EPIC的最大部分，几乎是总词数的24%。这部分有81个发言，其中3个由母语非英语的发言者（分别为丹麦人、荷兰人和葡萄牙人）所做，35个发言由爱尔兰发言者所做，43个由英国发言者所做。

大部分发言者为男性（65人，女性只有16人）。正如所预想的那样，大部分发言是由欧洲议会议员所做的（42个，另有13个发言为欧洲议会主席所做，1个发言为欧洲议会副主席所做），但还有一些发言是由欧洲委员会委员（18个）和欧洲理事会部长（7个）所做的。对由欧洲议会议员所做的那部分发言，下图按发言者的政治团体列出了发言分布。

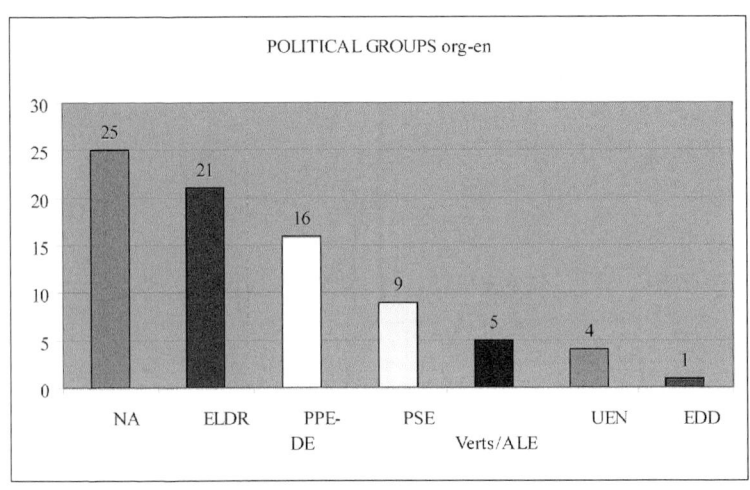

图11.2 org-en的欧洲议会议员发言者政治团体

下面讨论英语源语发言的特征。超过一半的发言是读书面稿件的发言（81个发言中有43个），而只有刚刚超过四分之一的发言（24个）是即兴发言。余下的发言（14个）则是采用时而读稿、时而即兴的混合方式。

在持续时长方面，有一半的发言为"中"（40个），即在2分钟至6分钟之间，28个发言为"短"，只有13个发言为"长"。平均时长约为3分30秒。显然，文本长度（即单词数）也体现出类似的情况，超过一半（44个）英语源语发言的长度为"中"，27个发言为"短"，只有10个发言为"长"。

有趣的是，就语速而言，讲话速度快的发言（34个）与讲话速度中等的发言（36个）几乎一样多。整个org-en子语料库的平均速度为每分钟156.5词。

最后，这些发言的话题涵盖了政治、卫生、经济等，其中政治主题的发言占多数，如图11.3所示。

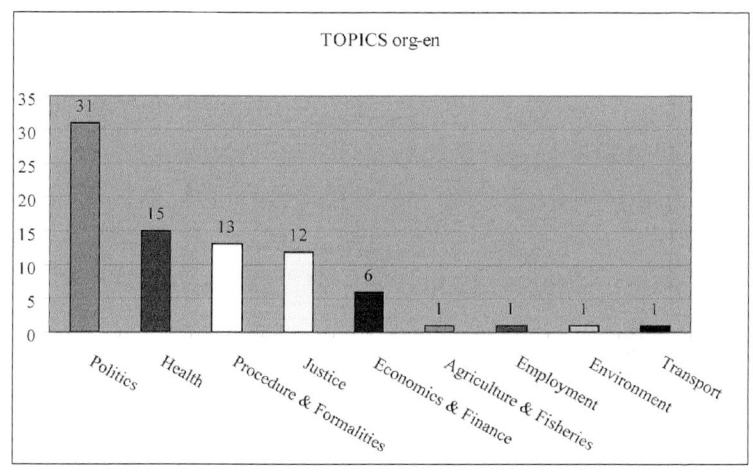

图11.3 org-en发言的讨论主题

2. 对org-it的描述

本语料库包含17个意大利语源语发言,发言人是母语为意大利语的人士。发言人全为欧洲议会议员,14名男性和3名女性,属于不同的政治团体,如下图所示。

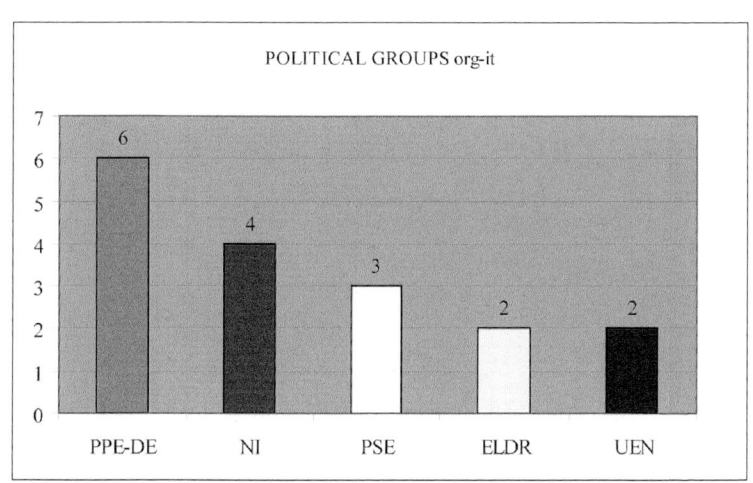

图11.4 org-it的欧洲议会议员发言者政治团体

其中8个发言为读稿发言，6个为即兴发言，3个为混合方式发言。持续时长方面，13个发言为"中"，4个为"短"。意大利语源语发言的总持续时长达到50分钟，每个发言的平均时长为3分钟。

该子语料库包含的总词数为6765词。有10个中等长度发言和7个短发言，平均词数为每个发言400词。11个发言的讲话速度为"慢"，6个发言速度为"中"。总体来说，该组意大利语发言的速度约为每分钟130词。欧洲议会辩论的话题非常多元，意大利语源语发言也不例外，如图11.5所示。

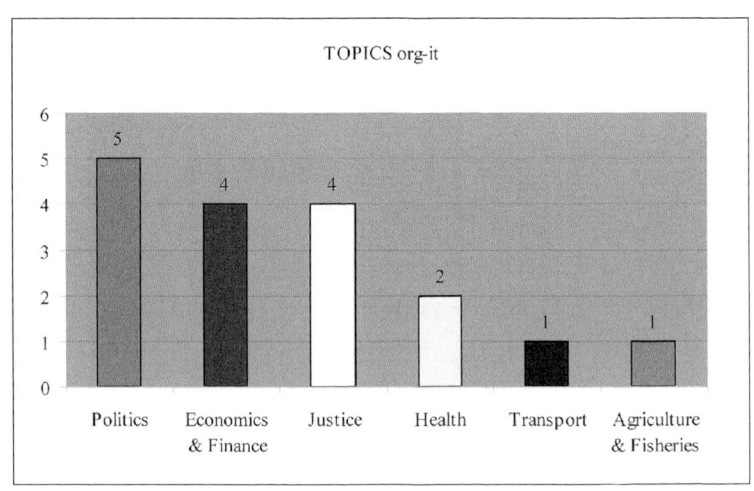

图 11.5　org-it 发言的讨论主题

11.1.3.2　目的语发言

1. 译入英语的发言

译入英语的两个子语料库是int-it-en和int-es-en（分别由意大利语和西班牙语译入英语）。

从意大利语源语译入英语目的语的发言子语料库在EPIC中所占比重最小，与之相应的当然是意大利语源语发言（org-it）。该部分包含由8名男性译员和9名女性译员所做的17个目的语发言，其中16人为英语母语者，1人为非英语母语者。平均发言长度为387.5词，比相应的源语发言略短一点。讲话速度方面，8个发言为"慢"速，8个为"中"速，1个为"快"速。平均速度是每分钟132.2词，比相应的源语发言平均速度略快一点。

从西班牙语译入英语的发言子语料库包含21个发言。需要指出的是，西班牙语源语文本并未被纳入本项研究。本节简要列出该组被译入英语和意大利语的发言的主要特征。主题方面，这组发言状况如图11.6所示，主要是政治主题发言（10个），其次是司法主题发言（5个）和财经主题发言（3个）。

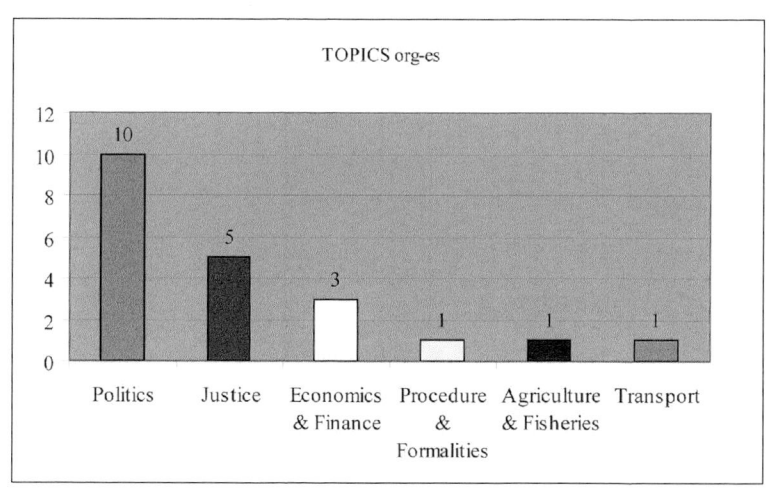

图 11.6　org-es 发言的讨论主题

大部分发言（13个）属于中等时长类别，3个发言为"长"，余下的5个为"短"。西班牙语源语发言的平均持续时长为4分40秒。5个发言为即兴发言，7个为混合方式发言，9个为读稿发言。

该组发言由英语译员将西班牙语译入英语，其中16名男性译员，5名女性译员，全为英语母语者。他们的讲话速度平均为每分钟136.2词。具体而言，4个发言的讲话速度为"快"，9个发言速度为"慢"，8个为"中"。至于文本长度，被译出的文本大部分为"中"（13个），只有5个"短"发言和3个"长"发言，int-es-en子语料库的平均长度为608.4词。

2. 译入意大利语的发言

EPIC包含两个译入意大利语发言的子语料库，即int-en-it（从英语译入意大利语）和int-es-it（从西班牙语译入意大利语）。

int-en-it子语料库占目的语发言语料中的最大部分，原因是该组语料的原创发言来自于规模较大的org-en子语料库。大部分译员为女性（68人，男性为13人）。平均讲话速度为每分钟123.7词（比英语源语发言的速度慢），每个被译出发言的平均长度则为428.5词。

另一方面，int-es-it子语料库包含21个由西班牙语译入意大利语的发言，总词数达到13,830词。译员全部是女性，她们的平均讲话速度为每分钟124.5词，而平均发言长度约为594词。

11.1.4 语料的转写

EPIC语料库中，完成转写初稿的过程中，必须区分对待发言源语和同传译语。

欧洲议会每次分会结束后不久，可以在欧洲议会网站上找到源语发言的书面报告。书面报告因其修改了发言风格，加入了标点符号，纠正了发言人的错误（如未说完的句子、发音错误的单词、不合语法的结构等），并不能准确反映源语演讲的特征。但是，此类文字资料可以减少工作量，只需重新标注发言特征就能完成转写终稿任务。

而同传译语并不是欧洲议会官方转写的。所有欧盟官方语言的同传译语文字报告是源语的笔译版本，并没有参考口译员的口译录音。这就意味着译语的转写工作必须从零开始。由于本研究团队人员均为接受过职业培训的会议口译员，可以进行影子跟读（shadowing），即一边收听译语一边大声重复译语内容（Schweda Nicholson，1990；Lambert，1992）。操作方法是，转写人员接收到译语后对着与电脑连接的麦克风大声重复，电脑安装了语音辨识工具（Dragon Naturally Speaking 和 IBM Via Voice），可以辨认转写人员的声音。这样，转写初稿自动生成。第二阶段是修改转写初稿，然后标记本研究需要的发言特征。

最后，反复核查转写文本，降低出错率，减少转写人员个人感受能力对转写工作的影响。核查完成以后，转写文本以文本格式保存，准备进行词性标注和处理，以便用于自动分析。

同时，其他与译员的口译输出相关的超语言信息，如言语的长度、发言模式和平均速度，以及有关发言者的名字、国籍、性别和政治背景等，都记录为一个特殊设计的文本标头（header），并可以用作检索的参数之一。在EPIC的网页上，通过选择指定言语和发言者的特征即可获得想要的资料。这种体制也可以用于在教学中迅速选择所需材料。

此外，由于口头语言有众多的特征，如停顿、重复、韵律、身势语等，每种特征又有不同的层面（即语言、副语言、非语言层面），以文本形式反映口语语言的所有特征几乎是不可能的。研究语料的具体种类及研究目的是影响口语材料转写的重要因素。我们旨在采用语料库语言学的技术，分析大量源语及其同传译语语料。为了简化程序，本研究首先进行基本层面的标注，然后再进行其他层面的标注（Armstrong，1997：158）。

当然，最初选定的标注特征包括元音和辅音的拖长、沉默、叹气、发音错误的单词、缩略音、停顿，而标点符号则用来做韵律标记。然而，后来发现这种方法不切实际，因为不适合用来标记大量机读的数据。因此，每个转写层面（即语言、副语言、非语言层面）选用各自的基本标注系统。

最终我们认为，Jefferson 的标注体系被学术界广泛接受，在话语分析及口译研究领域得以广泛应用（Orletti & Testa, 1991；O'Connell & Kowal, 1994；Straniero Sergio, 1999），因而最适合作为本研究的参照体系。

11.1.4.1 语言层面（linguistic level）

源语发言与同传译语中的所有内容都以文本形式转写下来。转写的文本中不含标点符号，因为标点符号是书面语言的特征，不适合自动分析，且口头语言的停顿时间与各种标点符号之间不存在一一对应的关系。转写的文本根据说话者的语调和句法信息切分成语意单位。双斜杠"//"用来标记每个语意单位的结束。这种切分主要是为了实现源语文本和译语文本的对齐关系。

拼写规范遵守欧盟官方文件的标准，具体规范可见欧洲议会网站"机构间书写规范指南"（Interinstitutional Style Guide）中针对所有欧盟官方语言规范的介绍。数字、日期、百分率按全拼书写。

11.1.4.2 副语言层面（paralinguistic level）

本研究中副语言层面的标记仅限于出现缩略音（truncated）和发错音的单词。为了完成词性标注和自动分析，发言人或译员发错音和发音不恰当的单词必须正确地拼写出来，以便电脑辨认和处理（Leech *et al.*, 1995）。因此，发错音和发音不恰当的单词首先需经过正常化（normalized）处理，随后在后面的尖括号"< >"中注明实际的发音。根据不同的分析目的，语料库可以实现自动地包含或者不包含尖括号中的单词。

对于有缩略音的单词（即有些发音不充分的单词），用符号"-"在该单词的末尾标记（如Pre-President it is a ple-pleasure to be here）；如果单词内部出现缩略音（即单词说全了但发音有中断），则先转写正确的形式，然后在其后写出中断的两部分并用符号"_"连接起来（如this is important </im_portant/> for all the countries）；发错音的单词则在其两侧用"/"标记（如cholera </chorela/>）。

停顿也是标注特征之一，但目前的标记方式依转写人员的感觉而定。沉默停顿（…）和填充（filled）停顿（ehm）也要考虑标注，但并未对时长做出具体规定。这种标记模式的目的是通过方便使用者的转写方式，实现口语数据的文本化，在保证口语数据可读性的同时使其尽可能真实地反映口语表达的特征。此外，这也为将来采用适当的电子工具系统地标记停顿奠定了基础，从而提供停顿时长和位置的准确信息。

11.1.4.3　非语言层面（extra-linguistic level）

非语言层面的标记反映转写文档（如日期、语言等）、说话人（如姓名、性别、政治功能、代表国家等）、演讲本身（如词数、演讲类型、语速、主题等）的相关信息，所有信息在转写文本标头中列出，设定用于自动查询的参数（见表11.2）。

表 11.2　EPIC 的转写规范

口语特征 （speech feature）	范例 （example）	转写规范 （transcription convention）
单词缩略音 （Word truncations）	propo pro posal	propo- proposal </pro_posal/>
错误发音 （Mispronunciations）	chorela	cholera </chorela/>

续表

口语特征 (speech feature)	范例 (example)	转写规范 (transcription convention)
停顿（Pauses）	（填充式停顿/沉默式停顿）	ehm...
数字（Numbers）	532	five hundred and thirty-two
数据（Figures）	4%	four percent
日期（Dates）	1999	nineteen ninety-nine
无法辨认（Unintelligible）		#
语意单位（Units）	（基于句法和说话者的语调）	//

11.1.5 语料的标注

11.1.5.1 标头信息

标头信息包含每场发言的非语言特征信息。语料库用户可以利用这些信息在网页界面进行查询。以下是语料库的标头模板示例：

表 11.3　EPIC 标头标注示范

英语	汉语释义
（date: 25-02-04-p speech number: 033 language: it type: org-it	（日期：25日—2月—04年—下午 演讲数字编号：033 语言：意大利语 类型：源语—意大利语
duration: short timing: 85	时长：短 用时：85秒
text length: short number of words: 153	文本长度：短 词数：153
speed: low words per minute: 108	语速：慢 每分钟速度：108词/分
source text delivery: impromptu	源语发言模式：即兴发言
speaker: Fatuzzo, Carlo gender: M country: Italy mother tongue: yes	发言人：卡罗·法图佐 性别：男 国家：意大利 是否母语：是
political function: MEP political group: PPE-DE	政治功能：欧洲议会议员 政治派别：欧洲人民和民主党党团
topic: Politics specific topic: Annual Policy Strategy of the European Commission for 2005 comments: NA）	主题：政治 讲话标题：欧洲委员会2005年年度政策策略 注释：无）

标头的一至四个字段组成演讲分类的参考码（reference code）。第一个字段是演讲日期（按日、月、年的顺序），之后用字母标记上午或者下午（"m"指上午，"p"指下午）。所有的语料转写文本都依次以数字编号，方便对每次演讲的检索。还有两个字段提供演讲的语言（"en""it""es"分别

代表英语、意大利语、西班牙语）、种类（"org" "int"分别代表源语、译语）信息。以上示例是2004年2月25日下午源语为意大利语的演讲语料。

下一组字段包含了演讲特征信息：演讲时长、文本长度、语速、演讲模式。由于建立语料库的目的是进行定向检索，演讲信息必须便于自动处理。因此，除了在相应字段用具体的数字标记秒数、词数、语速以外，还必须用标签注明演讲的长度：短、中、长（文本长度和时长），以及演讲的语速：慢、中、快（见表11.4）。每一个标签上的数值以当前的语料库为基准，只能代表欧洲议会分会全会的某具体系列演讲的相关信息，因此，不能用来代表本语料库之外其他语料的信息。

表11.4　EPIC转写的持续时长、文本长度和讲话速度计算标准

特征信息	标准
持续时长	短＜2分钟 中 2~6分钟 长＞6分钟
文本长度	短＜300单词 中 301~1000单词 长＞1000单词
讲话速度	慢＜每分钟130单词 中 每分钟131~160单词 快＞每分钟160单词

显然，上述参考值不一定适用于其他场合的演讲语料，如在意大利语口译服务市场，每分钟150词的发言速度为语速较快，而不是适中。然而，欧洲议会对议会成员的发言时间有严格规定，发言人要表达更多的内容不得不加快语速，因此，在这种情形之下，每分钟150词界定为中速。影响语速的另一因素是发言模式（照稿发言、即兴发言或者两者间转换）。

关于发言模式，当发言者不看任何笔记时，该发言被归类为"即兴发言"；而当发言者显然是在读讲稿时，该发言则被归类为"读稿发言"；如果发言者时而脱稿讲话时而参考阅读已备讲稿的片段，该发言则被归类为"混合类型"。显然，对于数不胜数的笔头和口头文本来说，上述的归类方法只能是一种简单化的分类。该信息也许对未来研究译员策略会有用，因为讲话方式是影响理解的一个重要变量。也可以说，即兴发言（对听众和译员）更容易理解，因为即兴发言中存在一些和断句、韵律、冗余程度相关的特征。

演讲的主题使用宏观分类，如经济与金融、政治等。标头还提供具体演讲标题，直接采用欧洲议会官方文本报告中的演讲标题。标头还提供了演讲者的系列信息：姓名、性别、代表国家、母语、政治功能、政治派别。如果语料来自口译员，"姓名""国家""政治功能""政治派别"等字段内容为空白，因为相关信息要么不得而知，要么不适用。如果发言人为源语演讲者，则必须标注其政治功能。欧洲议会口译语料库的发言人类型主要有：欧洲议会议员、欧洲议会主席、欧洲议会副主席、欧洲委员会代表、部长理事会代表、访问官员。如果发言人是欧洲议会成员，则必须标注其政治派别。同样，如果发言人为委员会成员、理事会部长，则在最后一个字段位置标注其政治职责（即委员职责领域或欧洲理事会职位）。最后一个字段的位置也用来标注注释内容，例如发言人发音不标准，录音出现技术问题或其他任何可能影响分析的不寻常特征。

以上描述的所有字段都用来设定欧洲议会口译语料库网页界面搜索过滤的标准。语料库需要进行词性标注、词形还原及索引（indexing），之后才可以检索。

11.1.5.2　词性标注

词性标注指给语料库中的每个单词赋以词性标签（tag），以便可以按照具体的模式和结构自动检索。词性标注可以通过使用专门软件程序"词性标注器"(tagger)自动完成。主要标注步骤如下：分词(tokenization)、配码(tag assignment)、词义消歧(disambiguation)(Bowker & Pearson, 2002: 84)。分词是将文本切分为单词和标点符号，然后标注器利用形态、语境线索做出判断，决定歧义词的正确标注码，完成对每一个形符(token)(语料库中的词次)的词性赋码。不同的标注器使用不同的方法完成这一过程。

特别是，"随机标注工具(stochastic tagger)需要使用训练语料来计算某一特定语境下赋予特定词语特定标注码的概率"(Jurafsky & Martin, 2004: 17-18)。换言之，随机标注工具需要使用人工完成标注的训练语料(training corpus)，再通过赋码计算得出赋码规则。由于训练语料规模有限，当赋码器遇到一个从未出现过的单词时，开始运用赋码规则进行概率计算，最终给该单词赋予最可能的标注码。显然，要想通过自动赋码得到可靠的结果，语料库中的文本必须与训练语料中的文本保持最大程度的相似性。

EPIC使用的均为随机标注工具，英语语料使用的是TreeTagger，西班牙语语料使用的是Freeling(Carreras et al., 2004)，意大利语语料使用Baroni等(2004)描述的赋码器组合。接下来，用IMS Corpus Workbench(CWB)平台对材料进行字符编码(encode)，用户可以通过CWB的CQP检索语言的初级和高级检索方式查找到信息[①](Bendazzoli et al., 2004)。

需要指出的是，尽管使用的赋码器的准确率普遍较高，但是这些都是针对书面文字而非口语文本开发的赋码器。研究人员已经对语料中需要标注的演讲特征进行了限制。然而，该语料库中的源语发言体现了口头语言的众多特征，其同传译语也体现

---

① 参见http://sslmitdev-online.sslmit.unibo.it/corpora/corpora.php

了一些特殊特征（填充式停顿（转写为"ehm"）、有缩略音的单词、某些专有名词、技术术语、外来词、欧盟行话都会带来问题）。因此，为了进一步提高赋码效率，本研究下一步的工作是人工纠正英语、意大利语、西班牙语语料中的赋码错误（即创建训练语料），然后反馈给赋码器以期提高赋码准确率。

为了使语料库具有检索功能，赋码后的文本要转换成 XML 格式，并且使用 CWB 进行索引。"定位属性"（positional attribute）与所有单个词语相对应，以便方便地检索语料库中每个单词的出现频率；可用各转写文本中的标头信息设定 XML "结构属性"（structural attribute），用发言特征或发言人特征限定检索范围，如下表所示。

表 11.5　EPIC 词性标注示范

```
<speech date="10-02-04-m" id="005" lang="en" type="org-en"
duration="long" timing="392" textlength="medium" length="906"
speed="medium" wordsperminute="139" delivery="read" speaker="Byrne,
David" gender="M" country="Ireland" mothertongue="yes"
function="European Commission" politicalgroup="NA" gentopic="Health"
sptopic="Asian bird flu" comments="Health and Consumer protection;
Irish accent">
I          PP        I         I
have       VHP       have      have
been       VBN       be        been
supplying  VVG       supply    /stupplying/
...
</speech>
```

续表

```
<演讲日期="10日—2月—04年—上午" 演讲编号="005" 语言
="英语" 类型="源语—英语" 时长="长" 用时="392" 文本长
度="中" 字数="906" 语速="中" 每分速度="139" 演讲模式
="照稿发言" 发言人="大卫·伯恩" 性别="男" 国家="爱尔
兰" 是否母语="是"
政治功能="欧洲委员会" 政治派别="不适用" 主题="健康"
演讲标题="亚洲禽流感" 注释="健康与消费者保护; 爱尔兰口音">
I          PP         I          I
have       VHP        have       have
been       VBN        be         been
supplying  VVG        supply     /stupplying/
...
</speech>
```

11.1.6 EPIC网页界面

　　EPIC网页界面在博洛尼亚大学高级翻译学院开发网站上，该网站还包括其他语料库相关研究项目和口笔译员、术语学研究者的参考资源（EPIC也位于La Repubblica语料库检索界面，该语料库收集了大量主要意大利日报刊登的文章）。网页界面包含多个关于EPIC项目的信息页面、一个初级检索页面、一个高级检索页面、以及一个cwb扫描语料库（cwb-scan-corpus）界面，用于产生频率清单。

　　如上所述，EPIC目前包括9个子语料库，子语料库只能分别进行检索。例如，如果研究目的是比较英语源语和英语译语（即源语为意大利语或西班牙语，译语为英语）的语言特征，则需要在英语源语子库和英语译语子库分别检索。

　　选择了需要的子库后，如果检索用户选择使用"初级检索"（simple query），既可以选择在全部语料子库查询（见图11.7），也可以通过设置一个或者多个"检索过滤条件"（search filter）将查询范围缩小在部分文本中。

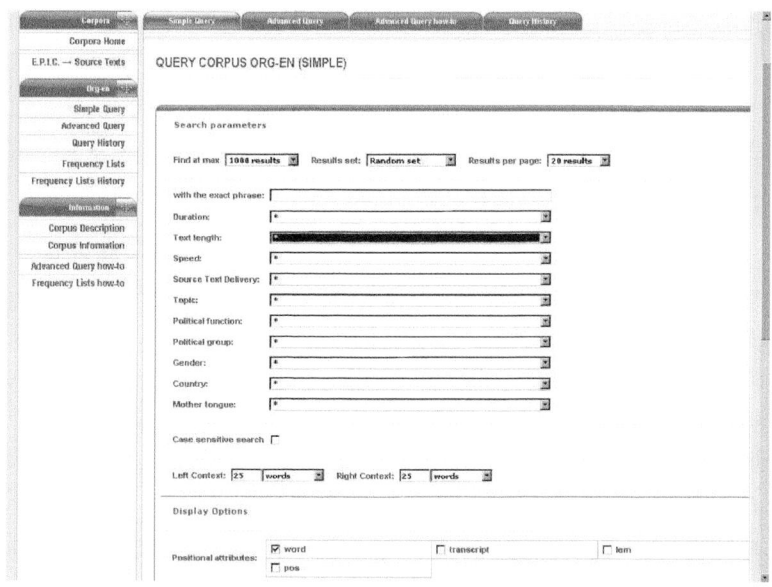

图 11.7　EPIC 初级检索页面

检索参数"发言时长"（duration）可以帮助用户检索包含特定短语的短、中、长三类语料。同样，"文本长度"（text length）的参数设置可以使用户在字数的基础上对语料进行检索，而"语速"（speed）参数可以让用户选择发言速度慢、中、快三类演讲语料。"源语发言模式"（source text delivery）参数允许用户根据发言模式（读稿发言、即兴发言、混合方式）检索需要的语料。"主题"参数可用于研究欧洲议会关于农业、渔业、程序事项等主题的演讲特征。用户还可以设置演讲人特征参数，如政治功能（以及在欧洲议会的政治派别）、性别、国家、母语等，来缩小检索范围。"母语"（mother tongue）参数对研究英语语料的研究尤为重要，因为英语通常是母语为非英语人士的通用语（如委员会委员和理事会部长经常在欧洲议会使用英语）。

在欧洲议会口译语料库网页界面还可以使用CWB强大的CQP语言进行"高级检索"（advanced query），网站通过检索提示和建议信息页提供帮助。用户可以利用词性标注、原形词检索语料库,还可以把单词检索和词性标注检索结合起来。例如,所有英语助动词"to be"之后加"-ing"形式的例子都可以自动检索到,并且可以与语料库中它们对应的意大利语、西班牙语进行比较。

初级检索和高级检索的结果都可以在"语境关键词"(KWIC)部分显示出来,被检索的词和词符串在页面中间,左、右两侧分别是具体的语境(默认词数为25)。如果检索到的结果有研究价值,用户可以进一步检索到包含这一内容的全文(见图11.8)。全文显示的方式与上述有所不同,可选择说话人和语料信息的XML属性、隐藏了瑕疵的矫正后的文本("显示单词"选项)、体现单词实际发音的文本("显示文本"选项)、词形还原的文本("显示词形"选项),或词性标注("显示词性标注"选项)。

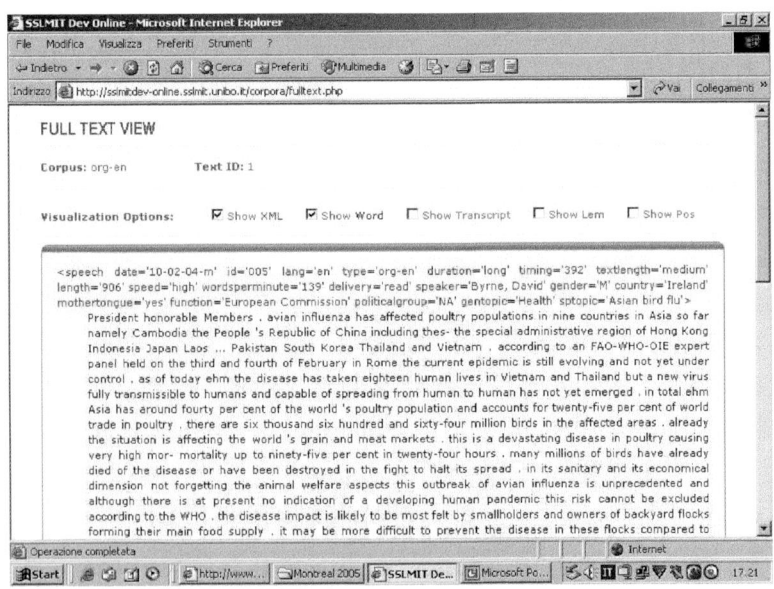

图 11.8　EPIC 文本显示选项

11.2 基于 EPIC 的口译研究与教学

11.2.1 以语料库为基础的口译研究

为了证实学者们关于口译策略和口译过程的假说和理论，长时间以来口译研究一直缺少一个电子语料库（Shlesinger，1998）。现阶段的大多数口译研究还是小规模的个案性研究，在有限领域进行手工分析或半自动分析。创建一个单一源语言和多个译入语的多语言类比语料库，为比较同一文本的不同翻译创造了条件。Kalina（1994：227）指出："在研究真实情境下的专业口译时，遇到的一个问题就是人们很难找到同一个文本的多个译文版本，想要比较它们就更是难上加难了。"

一旦EPIC达到更大的容量，各个子语料库达到相应的规模，我们就可以根据数据统计得出结论，并且通过某一具体特征出现的显著性数量（significant number）（即统计学中的显著性水平，用于判断某一假设的真实性与代表性——译者注）来证实假说。并且，由于EPIC的改写文本经过了标注、词形还原和编码，我们不仅可以通过文字形式来查找，也可以通过词性、词目（lemma）或可能的发音不连贯来查找。

现阶段的文本转写和标注提供了不同的研究机遇，如研究词汇模式、频率列表、索引（Partington，2001：47）、词语搭配、前缀和后缀的使用等。大致说来，在研究语料库时，我们可以遵循基于语料库的笔译研究的不同方案（Bowker，2002；Laviosa，2002）。此外，这类对于EPIC语料库的探索不仅可以发现材料本身有趣的特性，也可以解释笔译和口译之间的区别。

EPIC既是一个类比语料库又是一个平行语料库。作为平行语料库，本项目的下一步就是要对源语言和目的语发言内容进行排列。这样就会有6个排列好的子语料库，以方便用前文所描述的网络界面进行半自动搜索。排列好的语料库更方便对质量特性和具体口译策略进行研究。而且，考虑到项目小组的主要研究兴趣，即翻译方向，EPIC语料库多语言多方向的特性使我们能够发现不同语言组合（两种罗曼语之间或罗曼语与日耳曼语之间）和不同方向（从外语到母语或从母语到外语）之间的区别。正如Johansson（1992：6-7）所强调的，"为了区分某一语言的特殊性及不同语言的普遍性，我们需要将同一个源语言文本用不同的语言翻译出来"。

如果把EPIC作为类比语料库，9个源语言和译入语的子语料库就可以按照语种进行分类，这样就可以比较英语作为源语和英语作为同传译入语的区别。还可以根据源语言的不同（就本研究而言，指意大利语和西班牙语），进一步分析它们对"口译英语"（interpreted English）的影响。当然，要用半自动的分析方法探索EPIC和EPIC的研究潜力，首先要通过对同声传译的词汇模式进行研究，证实Laviosa在非翻译英语（源英语）和翻译英语方面的发现，再进一步证实她的研究结果是否可以应用于源英语和口译英语、源意大利语和口译意大利语。由于上述研究是我们的第一项探索，我们要努力纠正系统中难以预料的错误，同时还要掌握分析技巧。

最后必须指出，考虑到我们转写文本易于用户使用的特性，我们应该可以随时加入更多层面的标注，如语言特征、副语言特征和超语言特性（Leech，1997：5），其中包括停顿、错误起始（false start）、句法、音韵特点，甚至是发言者的动作语言和幽默等。

11.2.2 教学应用

EPIC在教学中的应用包括外语教学（尤其是第二外语）和口译训练。源语言发言是两类用户都需要的，而译入语材料则更针对于口译学习者。

对于外语教学，源语言发言的视频可以作为听力练习的材料。发言的转写文本材料可以进一步帮助学生学习，学生可以在听录音之后参考文本材料，把注意力放到听不懂的词汇和结构上。当然，听力的训练可以有效提高学生的外语发音质量。

能够应用于第二外语学习者和口译学习者的还有对欧洲议会演讲的修辞手法的比较研究。三种不同语言的源语发言可以使学生比较在英语、意大利语和西班牙语的正式语言中，修辞手法和常用语的区别，更具体地来说就是典型欧洲议会语境下的语言特点（欧盟的行话和其他惯例）。此外，通过对比研究欧洲议会网站上发布的文稿和源语发言转写成的文本，可以发现口语文本和修改后的书面语篇的区别。

Zorzi（2001）研究了如何通过口语语料库进行话语标记的教学。在这一点上，EPIC语料库和多媒体档案都可以作为教学工具，让学生有目的地搜索出这三种语言中的具体语言结构和表达方式。而且，这种以主题为参数的搜索方式可以帮助学生学习不同类型发言的特点，如政治类、经济类、健康类等。"程序和形式"这一选项可以使口译学习者学习到欧洲议会语境下各种工作语言的公式化表现。

对于口译学习者而言，两项更相关的应用是把EPIC的视频片段和文稿作为练习材料，并把议会议员的输出作为自我评价的标准。就第一项而言，教师可以在课堂上把EPIC中的源语言发言作为真实场景的题库。在选取课堂材料时，教师可以参考转写文本标头的分类系统和EPIC网页上的筛选标准。教师更可以根据语篇的速度、话题、口音选取材料。如果某个所选片段对某个阶段的学生来讲难度太大，可以通过COOL EDIT或其他软件重新编辑，将它分成几个片段或是在不改变发言人音调的情况下减慢速度，或者在发言中增加停顿。此外，EPIC中的材料类型适用于任何计算机辅助口译训练（CAIT）软件工具（Sandrelli，2003a，2003b，2007；Carabelli，1999，2003；Gran *et al.*，2002）。

欧洲议会议员的口译输出展现了专业口译的标准，可以应用于口译训练之中。学生可以在课堂上或自学过程中利用口译档案中的发言，把自己的表现录下来与档案中专业的口译对比。这种评估训练可以在课堂上经过老师的指导和其他学生一起进行（共同评估），也可以私下进行（自我评估）。这两种方法都能够帮助学生认清自己的优点和不足，为未来的工作提供有用的指导。

11.3 小结

欧洲议会口译语料库（EPIC）是第一个可供公众使用的包含源语言发言和三种欧洲语言的口译发言的语料库。我们希望我们的探索能够为口译研究在整体策略、具体语言策略和口译方向策略上做出贡献，同时为教学提供帮助。

特别是，EPIC的教学价值不可忽视。其中一个教学应用就是经常让受训译员观摩欧洲议会口译员的表现，发现并学习职业译员的技能和素养。语料库对译入外语的口译员（意大利教育机构的普遍做法）尤其有帮助：由于欧洲议会译员都是由外语译入母语，研究他们解决具体口译问题的策略有助于受训译员内化口译策略，提升口译技巧。多媒体语料库也可以提供教学素材（源语视频文档、译语音频文档、转写文本），与其他高校交流，使口译和二语学习者的学习资料更加丰富。另外，该语料库可以作为以同传为研究方向的毕业生的分析素材，博洛尼亚大学高级翻译学院就有学生利用这一语料库撰写毕业论文。

EPIC是一个开放的平行语料库。随着新材料的电子化和转写，语料在不断增加。目前，相当部分的语料已经可以用于分析研究，希望不久就可以得到利用该语料库的研究结果。

我们下一个阶段的目标是开发自动文本对齐程序。研究人员计划在原有语料基础上添加由母语译入外语的译语及其源语语料，以便开展双向口译研究。

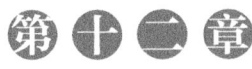

口译文本的词汇特征：基于 EPIC 的分析*

12.0 引言

以翻译英语语料库（Translational English Corpus, TEC）为基础，Laviosa（1998b）发现，翻译文本体现出四个主要词汇特征：

1）翻译文本中的实义词相较于功能词所占比例更低（即实义词的词汇密度较低）；

2）翻译文本中的高频词相较于低频词所占比例更大；

3）翻译文本语料库中的常用词占语料库的比重更大（即最常用词汇的重复次数更多）；

4）翻译文本中的常用词所含原形词更少。

我们试图调查上述词汇类型的前三项是否仅适用于笔译的文本，抑或在（口头）翻译发言的语料库中也能发现类似的词汇类型。我们不考察上述针对翻译文本中常用词的原形词数量的第四项结论，因为在现阶段，EPIC 的标注和词形还原（lemmatization）仍不完善，还原词列表尚未完全可靠。

---

* 詹成（译）（Annalisa Sandrelli & Claudio Bendazzoli. Lexical Patterns in Simultaneous Interpreting: A Preliminary Investigation of EPIC. http://www.corpus.bham.ac.uk/pclc/Lexicalpatterns.doc）。

此外，由于所有的EPIC为英语、意大利语和西班牙语被译入其他两种语言，我们的目标是验证在不同语言组和语言方向中词汇密度是否存在差异：我们假设不同语言组合（两种罗曼语（Romance language）或一种罗曼语加一种日耳曼语（Germanic language））中存在差异。但必须指出，我们研究的材料只包括英语和意大利语源语及目的语发言。

12.1 词汇密度
12.1.1 界定与争议

上述第一个目标是调查词汇密度，以验证译语发言子语料库的词汇密度是否比源语发言子语料库的词汇密度低，换句话说，以证实Laviosa对翻译英语语料库的研究结论。

Laviosa（1998b：565）对词汇密度的定义是："词汇密度是一个百分率，其计算方法是先将一篇文本中的功能词从总词数中去掉（从而得到文本中实义词的数量），然后将实义词数量除以总词数。"

在计算本项目每个子语料库的词汇密度前，我们需要给功能词（functional word）和实义词（lexical word）下一个操作性定义。在此我们参考了Jurafsky与Martin（2004：3）针对词性所做的封闭性词类（closed-class）和开放性词类（open-class）的区分。封闭性词类指相对固定的词。如，介词为封闭性词类，因为在英语中有一套固定的介词，极少创造新的介词。相对而言，名词和动词则是开放性词类，因为不断有新的名词和动词被创造出来或者从其他语言被借用过来。封闭性词类为功能词，而开放性词类则为实义词。

因此，主要的功能词种类是介词、限定词、代词、连接词、分词、数词、感叹词、否定词、问候词和礼貌标记。主要的实义词种类是名词、形容词、动词和副词。我们采用这一分类标准来建立英语、意大利语源语及目的语发言子语料库的功能词和实义词清单。但是,必须强调,这种分类方式并不像它表面看起来那样无懈可击,因为"词汇分类带有看似具体却并不可靠的标签,因为即便分类没有问题,但词汇类别常常具有异质特征(heterogeneous)。传统的词性分类并非神圣不可侵犯的……"(Quirk *et al.*, 1985: 73)确实,不论是英语还是意大利语,即使是介词也可以被分为"封闭性"介词和更为"开放性"的介词短语(介词+名词+介词)。这种介词短语是更为有创造性的一类(Quirk *et al.*, 1985: 72; Dardano & Trifone, 1989: 396)。

尤其是动词,可以被分为基本动词(primary verb)、情态动词(modal verb)和实义动词(full verb)(前两类属于功能词,第三类属于实义词),或者不予分类,全部归为动词(实义词),我们在本研究中便采取不分类的做法。

副词的类别特别多样,包括具有形容词词根(base)的副词(在英语中含有-*ly*后缀,在意大利语中含有-*mente*后缀),以及其他属于封闭性词汇组的副词,如here—qui, now—ora等。此外,有些副词根据其在特定句子中的位置和功能,既可以被归类为连接词,又可以被归类为介词。例如,意大利语词汇perché可以被用作疑问副词或者连接词;时间副词quando亦可被用作连接词。与之相似,英语副词around和behind也可被用作介词,而before则可以是副词、介词或连接词。

其他存在问题的类别是既可用作形容词(实义词)又可用作代词(功能词)的词汇。比如指示词、所有格、分配词(distributive)、量词等。

由于EPIC的标注仍然有些不准确(参见第十一章),所有不明确的情况都用语境关键词(KWIC)进行了分析,所得出的次数采用手工计算，然后归入相应的实义词或功能词清单中。

此外，在计算词汇密度之前，还需要考虑到EPIC的两个具体特征。首先，在转写文本中，日期和数字都被完全拼写出来，以防止标注过程中出现问题。在实际操作中，这意味着同样的数字在英语中占有三个形符，而在意大利语中仅占一个形符：two hundred thousand（"二十万"，英）和duecentomila（"二十万"，意）。但是，该结构性差异对总体词数计算的影响很小。如下表所示，基数词只占英语源语发言总词数的1.87%；在同样的发言译入意大利语后，文本（int-en-it）中的基数词比例降至1.28%。部分也许是因为上述结构性差异，部分则是因为译员的少量省译。而从意大利语译入英语时，比例变化方向则正好相反，出现了一点增长，从0.88%升至1.05%。这些数字变化（英语译入意大利语时的-0.59%和意大利语译入英语时的+0.17%）似乎表明，在计算词汇密度的时候，上述结构性差异的影响可以忽略不计。

表12.1　EPIC6个子语料库词汇列表中的基数词情况

子语料库	基数词	在子库词数中所占比例（%）
org-en	800	1.87
int-it-en	71	1.05
int-es-en	267	2.05
org-it	60	0.88
int-en-it	458	1.28
int-es-it	206	1.6

另一种要考虑的情况是发音不整词（truncated word），也是EPIC发言的一个显著特征。在转写过程中，发言者或者译员没有完整说出来的词都按照发音进行转写，并在每个词末尾加上横线（如thes-）。发音不整词全部算作实义词，因为在大部分情况下，发音不整词后面紧跟一个完整词（full word），所跟的完整词

几乎永远都是实义词。如下表所示，所有子语料库中的发音不整词所占比例很低，因此可以在计算词汇密度时忽略不计。但有趣的是，我们注意到意大利语源语子语料库中的发音不整词比例明显低于英语源语子语料库中的发音不整词比例，这似乎体现了英语母语者在说话的时候，表达方式更为费劲。另一方面，在所有译语发言中，发音不整词的情况非常相似，唯一例外的是英语译入意大利语，该方向中发音不整词比例更低。这似乎体现了该组译员对自己目的语产出控制得更好。

表 12.2 发音不整词情况

子语料库	发音不整词	在子库词数中所占比例（%）
org-en	391	0.9
int-it-en	68	1.0
int-es-en	120	0.9
org-it	29	0.4
int-en-it	219	0.6
int-es-it	116	0.9

考虑到上述情况，我们采取以下步骤来制作功能词和实义词清单。因为EPIC采用IMS Corpus Workbench（CWB）进行编码，相关命令由连接到专用Unix服务器的机器以命令行的形式发出，来提取来自6个子语料库的所有形符及其相应标注。根据其标注，功能词从6个生成文件中被选择出来。然后对6个由此获取的功能词清单进行手工"清洁"，修正所有错误。这个步骤让我们能够计算每个子语料库中功能词和实义词的总数，过程非常耗时，但是必不可少。计算结果如下表所示。

表 12.3 在研子语料库中的词汇密度

子语料库	总词数	实义词	功能词	词汇密度
org-en	42 705	24 475	18 230	57.311790188
int-it-en	6 708	3 872	2 836	57.722122838

续表

子语料库	总词数	实义词	功能词	词汇密度
int-es-en	12 995	7 419	5 576	57.0911889188
org-it	6 765	3 997	2 768	59.08351811
int-en-it	35 765	21 209	14 556	59.30099259
int-es-it	12 833	7 452	5 381	58.06904075

12.1.2 英语子语料库中的词汇密度

Laviosa（1998b）所指出的翻译文本效应，即英语译文的词汇密度明显要比英语原文的词汇密度低，并未在本研究项目中得到证实。实际上，比较译语发言和英语源语发言，两者的词汇密度几乎没有差异。从西班牙语译入英语的发言子语料库中，词汇密度略微更低（-0.22060126），而从意大利语译入英语的发言中，词汇密度相较于英语源语发言实际上更高（+0.41033265）。

12.1.3 意大利语子语料库中的词汇密度

Laviosa关于词汇密度效应的结论在从英语译入意大利语的发言子语料库中没有得到证实。从英语译入意大利语的发言比意大利语源语发言词汇密度略微更高（+0.21747448）。相对而言，从西班牙语译入意大利语的发言中词汇密度下降的幅度更大（-1.01447736），但在现阶段尚不能认为这一差异是显著的。

因此，很难解释对6个子语料库中词汇密度的分析结果。总的趋势似乎显示，英语和意大利语的源语发言和相应同传译出的文本在词汇密度上几乎没有差异。其原因也许是特定的文本产出条件，即译员所接收的源语发言速度是由源语发言者所强加的，译员不得不通过选择和重组信息来适应目的语表达规范，从而一块一块地（chunk by chunk），几乎"在线"（on-line）组合目的语发言。源语发言和目的语发言的平行共存，以及口译工作中的时间限制，也许可以解释为什么Laviosa针对笔译文本得出的结论在此并不适用。但是，必须看到，我们的调查结论也有唯一例外，就是从西班牙语译入意大利语的发言，即本文所分析的唯一一组两种罗曼语的翻译组合。在随后针对常用词（list head）进行分析之后，上述情况就会显得更为重要。

12.2 常用词

本文的第二个目标是验证Laviosa对词汇种类的研究结论，即翻译文本中的高频词出现比例比低频词更高。

我们列出词频清单，选择了出现最多的100个词，创建6个常用词列表。我们计算出每个常用词列表中的总词数以及高频词在每个子语料库中所占的百分率。英语和意大利语发言的有关数据见表12.4—12.5。

12.2.1 英语常用词

表12.4 英语源语发言和英语译出语发言中的常用词词数及百分率

			常用词中的实义词		常用词中的功能词	
			词数	在常用词中所占百分率	词数	在常用词中所占百分率
org-en	22 745	53.26	6 142	27.0	16 603	73.0
int-it-en	3 832	57.09	1 250	32.6	2 582	67.4
int-es-en	7 176	55.22	2 112	29.6	5 064	70.6

上表数据符合Laviosa对英语译文的研究结论。译语为英语的常用词中的高频词比率比源语英语要明显更高（int-it-en为

+3.83%，int-es-en为+1.96%）。这些数据似乎说明译入英语的发言中最常用的核心单词（nuclei of word）变化更少，并且在相应子语料库中所占的比重更大。

至于在常用词中的实义词和功能词分布情况，英语源语发言中实义词比率比意大利语和西班牙语译入英语发言的子语料库中实义词比率都低。这似乎说明译员倾向于（通过增加同义词或者解释）对译语产出进行重组，插入自我修正，或者扩展并解释源语文本。采用这样的策略，就使得译语文本在实义词方面比英语源语的发言更加丰富一些。为了检验这个假设，需要将译出的发言和相应的源语发言进行对齐分析，也就是说，创建Shlesinger（1998）所提倡的平行子语料库。

12.2.2 意大利语常用词

表12.5 意大利语源语发言和意大利语译出语发言中的常用词词数及百分率

			常用词中的实义词		常用词中的功能词	
			词数	在常用词中所占百分率	词数	在常用词中所占百分率
org-it	3 365	49.74	892	26.5	2 473	73.5
int-en-it	17 353	48.51	4 771	27.5	12 582	72.5
int-es-it	6 264	48.82	1 572	25.1	4 692	74.9

（从英语和西班牙语）译入意大利语的发言常用词所占其各自子语料库的比重小一些。在这种情况下，似乎说明译入意大利语的发言中最常用的核心单词变化相较于意大利语源语发言更少。这是一个意料之外的发现，也许和语料库的规模有关。上表显示，在最大的常用词列表（int-en-it）中，高频词的比例最低（48.51%），并且随着语料库规模变小，百分率上升。表12.4中的英语常用词数据也呈现出类似的趋向。在这种情况下，在最大

的常用词列表（org-en）中，高频词所占的比重最低，而在最小的常用词列表（int-it-en）中，高频词所占的比重最高。显然，这个观察发现尚不能形成定论。还需要更进一步调查，来证实语料库规模对高频词在常用词中所占比重的影响。

在常用词中实义词和功能词的分布方面，译语为英语的文本所体现的上述趋向，即译语文本中的实义词比例高于源语发言，只在从英语译入意大利语的发言子语料库中得到证实。确实，在英语译入意大利语的发言中，实义词占常用词的27.5%，而相比之下，意大利语源语发言中常用词的实义词比例为26.5%，从西班牙语译入意大利语的发言则显示出相反的趋向。

基于上述数据统计分析，英语源语发言和英语译语发言数据均符合Laviosa的观点，而意大利语源语发言和意大利语译语发言则与Laviosa的观点相反。

12.3 小结

我们运用语料库语言学技术和半自动化分析手段对欧洲议会口译语料库进行首次研究，尚属初步阶段，研究有其局限。首先，子语料库的规模不同，其中英语源语发言和相应译入意大利语和西班牙语的发言占EPIC总词数的65.7%。正如前文所述，语料库规模也许会影响到常用词组成。因此，子语料库规模不平衡的问题需要逐渐修正，方法是向不断扩展的开放式EPIC语料库中增加语料。这将使我们能够针对词汇密度和高频词开展深入研究，来证实或者推翻现阶段的结论。

另一个局限是标注工具的准确率。本研究所使用的标注工具原本是为书面文本所设计的，因此不能完美地应用于研究EPIC所展现的诸多口语特征，包括错误起始、语句重组（reformulation）、发音不整词等。我们计划对语料库的一部分

（即创建一个训练语料库）标注进行手工修正，从而提高标注工具的准确率。这将使我们能够完全利用现有技术，对语料库数据进行自动化提取和分析。

从本研究考察的EPIC部分子库中取得的数据不能完全证实Laviosa对英语译文的研究结论。一方面，词汇密度似乎并未由于口译过程而受到影响，唯一的例外是从西班牙语译入意大利语的方向。另一方面，必须强调的是，Laviosa的结论仅仅是针对英语翻译的，即该结论并不能自动应用于意大利语翻译（包括口译）。

至于常用词，即高频词方面，英语译语发言比英语源语发言的词汇种类少，从而证实了Laviosa的研究发现。但是，意大利语译语发言恰好相反。

可以开展进一步观察，分析在本研究中常用词中的实义词和功能词所占的相对比重。这个具体的分析再次凸显了从西班牙语译入意大利语的发言子语料库的差异。该组发言"行为"差异的原因不明，需要深入调查。但是，值得注意的是，这是唯一一个由两种罗曼语构成的翻译组合。这似乎说明，正如研究者们经常提出的（Snelling，1992；Viezzi，1999；Falbo et al.，1999；Kelly et al.，2003；Donovan，2004），语言组合在同声传译中也许发挥着重要的作用。在西班牙语源语和译语发言子语料库（org-es，int-en-es，int-it-es）处理完成并进行同样分析之后，上述阶段性结论将有可能得到检验。此外，当EPIC语料完全对齐后，可以进行源语发言和相应译语的比较。届时，EPIC语料库就不只作为可比语料库，而也可作为平行语料库用于研究。

第四篇
口译语料库的教学应用

> 04

第四篇着重讨论口译语料库建设在口译教学中的应用,包括三章,分别讨论口译教学语料库的建设、口译教材的编写、基于网络的口译学习模式。第十三章从口译教学特点出发,结合网络技术,详细介绍服务口译教学的语料库建设工作,包括设计原则、语料收集与加工、语料库运行机制、技术保障体系等。第十四章从口译教材编写入手,通过对现行口译教材的客观分析,明确基于语料库的口译教材编写模式的意义,说明以口译实践语料库为基础的口译教材编写的基本原则、程序、方法和注意事项,并对此类新兴口译教材的使用进行了说明。第十五章以口译学习者为中心,通过实际调查分析,明确了口译学习者对多媒体、网络化口译教学的具体需求,结合现代IT技术发展状况,提出了基于网络与口译语料库的口译教学与口译学习模式。

面向教学的口译语料库建设：理论与实践*

13.0 引言

口译教学目前在国内方兴未艾。自2004年上海外国语大学高级翻译学院在外国语言文学一级学科下自主设立了翻译学的二级学科，第一次确立了"翻译学"硕士点和博士点的学科地位后，2006年广东外语外贸大学也获批设立"翻译学"博士和硕士学位点。2006年教育部批准广外大、复旦大学与河北师大三所院校招收翻译专业本科生。2008年翻译专业本科的招生单位已扩展到13所院校。2007年国务院学位委员会和教育部批准设立"翻译硕士专业学位"（MTI），并在15所院校展开试点招生工作，其中半数以上设有口译专业。至此，在中国内地的教育体制中，"翻译"成为拥有本科、专业硕士、学术型硕士和博士完整培养体系的教学系列，翻译学已经从一个从属于语言学与应用语言学之下的三级学科发展成为独立的二级学科。在此背景下，口译教学中呈现出一系列迫切需要探讨的研究课题，如教学大纲设计、课程设置、教学方法、师资培训、评估体系等。

---

* 王斌华、叶亮，《面向教学的口译语料库建设：理论与实践》（《外语界》2009年第2期）。

我们尝试探讨口译课程与IT技术整合的一种有效形式——口译教学语料库的建设。关于IT技术与外语课程整合的基础性理念和基本实践方法，有刊物（如《外语电化教学》2006~2008年多期）曾对此进行了较为系统的探讨（参见陈坚林，2006；曹进、王灏，2007）。

13.1 口译教学的特点

口译教学是指以培养口译能力和译员为目标的教学活动。虽然国内的口译课程目前多开设在外语院系，但口译教学不同于一般外语课程的教学，它有其自身的特点。相对于一般外语课程来说，口译课的不同之处体现在[①]：

首先，教学目的不同：就一般外语课程而言，其目的或是提升语言技能的某个方面，如听力课、口语课、阅读课、写作课等，或是综合提升语言能力，如综合英语课等；而口译课的教学目的是，提升学生的口译能力以及培养学生作为口译工作者的相关素质。其次，教学内容不同：一般外语课程以语言知识学习和语言技能的训练为教学内容；而口译课程则以口译技能的培训为中心，兼顾语言、知识、心理等诸方面综合能力和素质的提高。再次，教学要求不同：相对于一般外语课程而言，口译课对语言能力（尤其是外语能力）的要求更高，因此，适合在外语专业本科高年级阶段及研究生阶段开设；在非外语专业的本科高年级阶段开设时，宜选拔语言能力及综合素质较好的学生来进行培养，或作为选修课程。

口译教学必备的特点可以用三"性"来概括，即技能性、实践性、仿真性。

---

① 需要说明的是，如果旨在通过口译课教学的方式提升语言能力，即学界讨论过的"教学翻译"（interpreting as a teaching method），那就另当别论，不在此文的讨论之列。

1）技能性

口译是一种专业技能，无论是正规的连续传译，还是同声传译，其对口译技能的要求都很高。口译教学应以口译技能训练为中心。口译技能教学的内容包括以下五个方面：口译听解技能的教学、口译记忆技能的教学（包括口译笔记技能的教学）、口译转换技能的教学、口译表达技能的教学、口译过程精力分配技能的教学（王斌华，2006：9-40）。"技能性"是口译教学的第一个特点，也是对口译教学目标定位的要求。

2）实践性

口译是一种操作性很强的专业技能。要培养出合格的译员，除了口译技巧的系统教授，还必须以大量的口译实践练习为基础。口译学生要达到一名合格译员的水平，其口译练习量必须达到800~1000"磁带小时"（tape hour）。因此，"实践性"是口译教学的第二个特点，也是对口译课教学形式的要求。

3）仿真性

从口译教学的效果来看，口译课的教学语料宜采用"仿真性"的材料，最好是原汁原味的口译现场录音、录像。但从目前国内的实际情况来看，只有部分口译教材配有磁带，而且都是朗读的录音，并非口译现场的录音；而且不少教材的选材过于陈旧，无法适应时代发展变化的新形势，难以让学生做到学以致用。这些都使得口译教学的效果打了不少折扣。"仿真性"是口译教学的第三个特点，也是对口译课教学材料及教学方式的要求。

13.2 IT技术与口译课程的整合：口译教学语料库

13.2.1 口译课程的四类模块

根据笔者对国内外代表性大学的口译教学课程设置的考察，系统的口译课程设置一般包含以下四类模块的课程（王斌华，2006：72）：

1）基于口译技巧的课程模块（skill-based interpreting course module）

这一模块的口译课程以教授口译技巧为主要目标，包括：连续传译（包括无稿传译、有原稿但无译稿、有原稿及译稿等形式）和同声传译（包括无稿同传、带稿视译（有讲话原稿）、同声传读（有原稿及译稿）等形式）。

2）基于口译专题的课程模块（theme-based interpreting course module）

这一模块的口译课程以各类口译场合常见的口译主题为组织形式，目的是让学生掌握各种口译主题常用的表达，并熟悉相关的专业主题知识。这类课程包括：专题口译、政治外交口译、商务口译、法庭口译、传媒口译等。

3）基于语言转换的课程模块（language-transference-based interpreting course module）

这一模块的口译课程根据不同的口译语言组合来设置，目的是让学生掌握不同语言之间的语言转换规律，如英汉/汉英口译、法汉/汉法口译、日汉/汉日口译、俄汉/汉俄口译等。

4）基于模拟实践的课程模块（practice-simulation-based interpreting course module）

这一模块的口译一般面向高年级的口译学生开设，其目的是，通过模拟口译现场的形式，使学生掌握口译现场的实践要领，并为学生开始进入真实的口译现场做准备。这类口译课程包括：口译观摩与欣赏、模拟国际会议口译、口译工作坊等。

13.2.2 IT技术与口译课程的整合

鉴于口译教学必须具备"技能性""实践性"和"仿真性"的特点，以上四类模块的口译课程在教学实践中有必要与

IT技术进行有效的整合，才能真正从教学内容到教学形式等诸方面实现口译教学的目标。

具体而言，无论是技巧类的口译课程，还是专题类的口译课程，抑或是语言组合类的口译课程，还是模拟实践类的口译课程，其教学语料都有必要达到以下几点要求。首先要求教学语料的内容多样，涵盖各种口译专题。其次，要求教学语料的形式多样，既要有即兴发言的材料，也要有准备性发言的材料；既要有配备文稿的（以便练习带稿口译），也要有不配备文稿的（以便练习即席口译）。再次，要求教学语料难度多样、语速多样、口音多样，以便根据不同的教学阶段安排相应的训练内容，并让学生适应如真实口译现场那样不同风格、不同语言背景的发言人。

从目前口译教学的现状和相关技术发展的条件来看，探索IT技术与口译课程整合的一种有效途径是：建设口译教学语料库。

13.3 口译教学语料库的作用及意义

13.3.1 对口译教学的作用

首先，对于口译教师来说，口译教学语料库可发挥"教学资源库"的作用。口译教学语料库的资料多样性、规模大型性、检索便利性等特点能有效地解决口译教师教学语料缺乏的难题。其次，对于口译学生来说，口译教学语料库可以起到"学习资源库"的作用，便于学生的自主学习。再次，口译教学语料库还可以发挥"口译考试试题库"的作用，教师可根据多种参数来选择针对不同口译课程的试题素材。另外，口译教学语料库中来自口译课堂的语料还可以成为教师进行口译教学研究的数据。

13.3.2 对口译研究的意义

一门科学学科的创立和发展需要一个描写（description）的基础，而在口译研究中目前尚缺乏以系统的描写性数据为基础的成果。对于口译研究来说，口译教学语料库的建立使得大规模的描写性口译研究成为可能。

口译研究界一般认同，研究结论的得出必须基于可靠的科学基础。总体来说，口译的研究路径有两类：一类是理论推演型的研究，其核心是理论的抽象思维和推理；另一类是实证型研究，其核心是数据的收集和处理，实证型研究的方法主要有观察法和实验法。但口译研究面对的一个现实困难是口译语料收集的难度很大。与笔译不同，口译只以声音的形式存在，而且口译中源语和目标语的发布都是一次性的。如果不对其进行即时录音/录像，声音稍纵即逝，事后便不可能对口译现场的语料进行回溯式研究。而且，口译现场的录音/录像过程对相关技术及其操作要求都比较高，往往要求配备专业的技术人员进行相关操作。以上两个因素导致口译研究者手头往往缺乏可供研究使用的语料。因此在前人的口译研究中，研究数据往往是基于个人感想、经验总结、主观内省或是语料片断，缺乏系统的描写性研究。大规模口译教学语料库的建立有望弥补口译研究的这一缺陷。（Cencini & Aston, 2002: 47-62; Shlesinger, 1998）

13.3.3 对口译实践的意义

目前在国内针对外语学习的软件开发已有蓬勃的发展，并呈现出巨大的市场潜力。但据笔者所知，国内尚未出现针对口译学习者和口译实践者的口译训练软件[①]。以口译教学语料库为基础，可以开发出多种形式的口译训练软件，便于口译学习者的自主学习和口译实践者的训练提高。

[①] 在国外，欧盟的口译司已建立了口译远程教学和培训的网站。

13.4 口译教学语料库建设中的主要环节

口译教学语料库建设的主要环节包括：语料的收集、语料的整理、语料的标注、技术处理等。与其他类型语料库不同的是，口译教学语料库要特别注意：材料的现场性、提取的便利性、语料存储的多媒体性。下面具体分析各主要环节。

13.4.1 语料收集

口译教学语料库的语料收集来源主要有三种：

1）口译现场。指配备了口译的会议、会谈、访谈、演讲等。收集内容包括源语发言、目标语口译以及文稿、会议日程等材料。收集形式为录音/录像和文字，同声传译现场要使用双轨录音，连续传译现场可使用一般的单轨录音。

2）会议、会谈、访谈、演讲现场。指并未配备口译的会议、会谈、访谈、演讲等。具体来源有：现场、互联网络（国际组织网站、国际会议网站、演讲网站等）、影视传媒等。收集形式包括现场的录音/录像、音频/视频、文字等。

3）口译课堂。使用口译实验室和语言实验室的相关设备和软件，对口译课堂的训练过程和学生的口译进行录音/录像。这方面材料的收集一方面可以用于远程教学，另一方面可以用于学生的课后学习，还可以用作教师进行口译教学研究的素材。

13.4.2 语料整理

与多数其他语料库不同的是，口译教学语料库的语料整理有其特殊的要求：由于原始语料多为音频/视频形式，因此需要对原始语料进行录音转写（transcription）。转写时除了写出文字以外，还要注意副语言（paralanguage）的转写和标注[①]。口译教学语料库的主体语料应至少具备音频和文字两种形式。

[①] 对副语言如何进行转写和标注，是值得进一步探讨的问题。

13.4.3 语料标注

口译教学语料库的语料标注参数主要有：

1）口译主题：政治、外交、国际关系，经济、贸易，金融、保险，体育、卫生，知识产权，文化、教育，管理，环保，工业、科技、农业，中国文化及中国国情，旅游等。

2）口译场合：技术现场口译、科技讲座口译、新闻发布会口译、法庭口译、专题论坛/研讨会口译、导游口译、商务谈判口译、技术谈判口译、外交谈判口译、招商会口译、任职演讲口译、外宾接待口译、人物访谈口译、礼仪祝辞口译等。

3）源语语体：叙述、说明、议论等。

4）专业难度：可分为专业化、一般化、大众化三个等级。

5）语速：快、中、慢三个等级。

6）时长及字数：指每段语料的时间长度及总字数。

7）来源：参照"13.4.1语料收集"的来源进行标注。

13.4.4 技术处理

口译教学语料库的技术处理是一个复杂的环节，也是IT技术与口译课程有效整合的关键环节。这一环节的处理需要与相关技术人员或合作方进行紧密合作。主要事项包括：1）语料的多媒体技术处理：指语料的多媒体格式处理、噪音处理、相关软件配备等；2）双语语料的平行对齐处理；3）检索工具的开发。

口译教学语料库的整体建设程序可以用下图来表示（北京大学计算语言所，2007）：

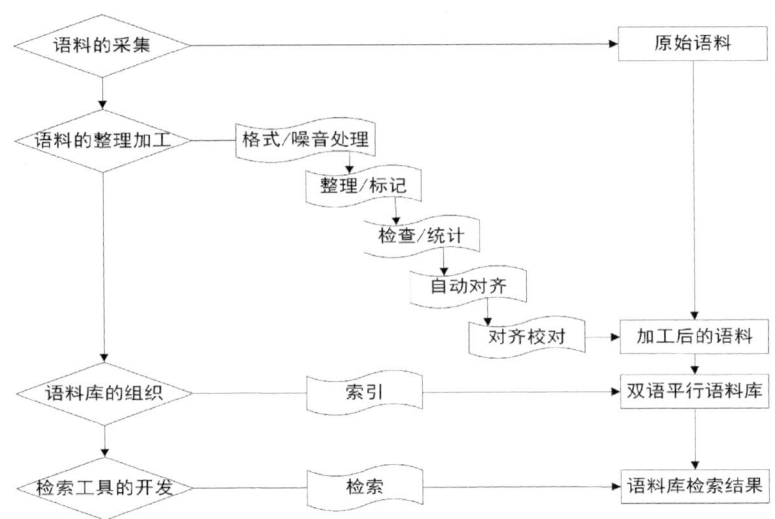

图 13.1　口译教学语料库的整体建设程序

13.5 "口译教学语料库"和"口译教学训练系统"建设

某高级翻译学院自2006年开始与某省级科技公司进行横向科研项目合作，针对口译专业教学的需要建立"口译教学语料库"，并在此基础上开发计算机辅助口译教学系统。一方面充分利用多媒体技术，为教师提供一个方便调用的教学资源库；另一方面借助互联网络，为学生提供一个课后自主学习的资源库。下面初步总结这一项目的实践经验，以资借鉴。

13.5.1 "口译教学语料库"的语料整理和标注

按口译教学的实际构建一个语料完备、功能齐全的"口译教学语料库"。语料库的语料分类和标注越细越好。虽然在资源的编辑和整理过程中由于分类过细会使工作量变大，但对于教学实际来说，语料分类和标注越细就会越实用。如一篇文章或一段演讲，不是单单把它录入到语料库中，还要针对它的主题、语体、专业领域、难度、来源、语速、字数等信息做出详细标注。这样就可以根据不同口译课程的需要任意抽取适用的语料，而且也方便不同层次的学生选择适合自己水平的语料进行自主学习。

表 13.1 标注示例

主题	语体	专业领域	难度	来源	语速	字数
环境保护	议论	环境、化学	中级	联合国会议	150wpm	3500w

13.5.2 从"口译教学语料库"到"口译教学训练系统"

13.5.2.1 设计理念和整体框架

"口译教学语料库"构建以"口译教学训练系统"为应用平台，综合考虑课堂教学、自主学习、考试评估等多种用途，做到一库多用。在课堂教学中，教师可根据需要按照多个参数找到自己需要的教学素材进行授课。学生课后的自主学习也可按同样的方式找到自己需要的材料。考试时也可以按难度或知识点等多个参数选取合适的考题考察学生的口译能力。

本项目课题组成员在对口译教学实践进行充分调研的基础上，设计了计算机辅助"口译教学训练系统"。该系统的具体设计理念为：

1）口译教学理论与计算机技术结合。参考多种口译教学理念，结合ASP、P2P等网络技术和大型数据库，Asp.net或Visual c# 2008程序设计平台，让口译教学更为科学化和便捷化。

2）分级与分类训练。我们按照"译前准备→短时记忆→笔记训练→模拟训练→实战演练"的方式设计分级训练，训练材料将涵盖不同的专业领域。

3）因材施教。学生选择适合自己的训练模式和难度系数，教师通过交流版提供在线帮助。

4）口译教学语料库即时更新。教师以管理员身份进行在线语料更新。

5）动态的学习档案库。系统自动为每个学生建立各自的学习档案，自动记录学生每项测试的结果和教师评估的相关参数。

"口译教学训练系统"构建的整体框架如下表所示：

表13.2 口译教学训练系统

系统模块	系统功能	说明
课堂教学	示范口译	模拟同声传译会场，固定设置四路口译位，其余的学生充当听众，可任意选择一路口译位收听。
	多人口译	教师根据需要随意设置口译的人数，也可以设置为全班都作译员。
	教师麦克传译	教师充当发言人，学生听到话音即时口译。
	学生传译	选择一个学生充当发言人，其余学生当口译员。
	文本视译	发送一篇文本资料，译员根据文本内容口译成指定语言。
	视频传译	播放视频资料，译员根据要求口译成指定语言。
	同声传译	根据播放的音频资料，译员口译成指定语言。
	连续传译	根据播放的音频资料，译员口译成指定语言。与同声传译不同的是，播放的音频资料可根据教师的设置，自动停顿，在停顿的间隙时间内学生口译。
	口译录音	译员口译的译语即时录入电脑中。
	讲评	教师可随时把学生的译语调出来进行讲评。
自主学习	同声传译	点播音频资料，边听边进行口译。
	连续传译	点播音频资料，播放完一句，会停顿，在停顿的时间内学生口译。
	文本视译	点播文本，根据看到的文本信息进行口译。
	点播录音	对于自己刚刚口译过的资料可点播出来进行收听。
考试评估	同声传译	边播资料边口译，译语会自动保存在电脑中。
	连续传译	资料逐句播放，停顿的时间就是口译的时间。
	分组考试	最多分成不同的四组，分别播放不同的音频资料考试。

13.5.2.2 "口译教学训练系统"的具体设计

1. 系统功能设计

本系统的主体功能通过三个平台来实现,分别为:课堂教学平台、自主训练平台、考试评估平台。具体设计如图13.2-13.4所示。

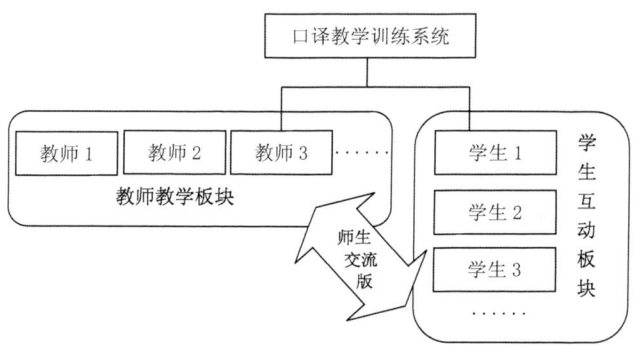

图 13.2 课堂教学平台

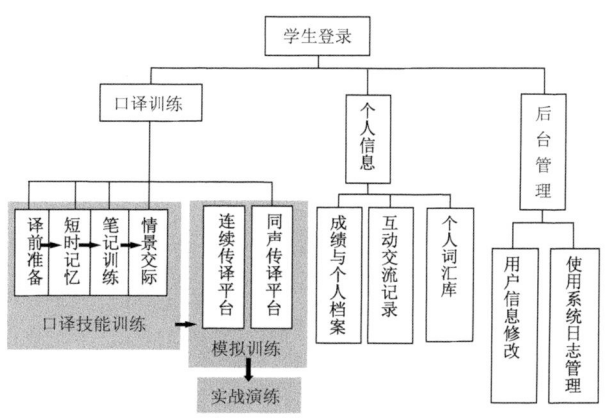

图 13.3 自主训练平台

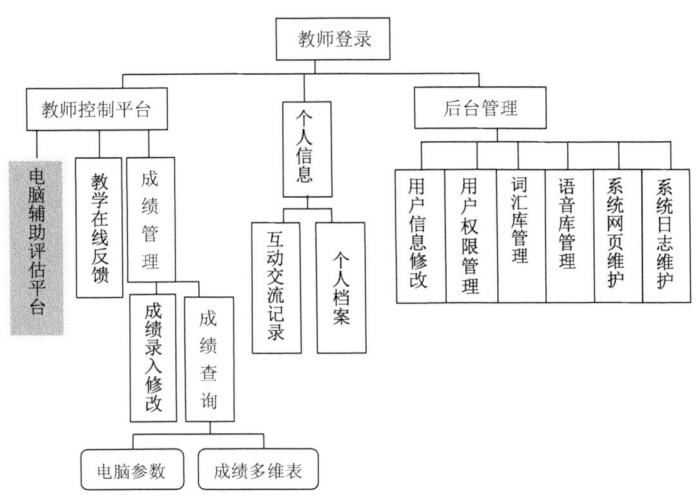

图 13.4 考试评估平台

2. 系统内容设计

口译训练分为七个阶段进行,训练者必须达到前一个阶段的标准后才能进入下一阶段的训练。

第一阶段:译前准备

译前准备板块按照各类学科知识归类,以树形结构存储各类资料,学生可以自己更新资料,作为今后口译工作的预备材料。教师管理员可随时更新数据库内容。

该板块有词汇记忆和查询子功能。系统对词汇语料进行分类,根据记忆曲线原理辅助学生记忆。电子字典可以方便学生查阅生词。

第二阶段:短时记忆

短时记忆分为跟读、复述和听写等方式。材料分为五种难度系数,学生根据自己的情况进行无笔记训练。

跟读训练:系统自动记录保存训练者跟读内容,并给出训练者录音参数，并将语音资料传送给教师。

复述训练：学生听完材料复述，系统记录语音内容，给出参数报告，如：停顿次数、声波图形，并将音频数据保存在数据库中，传送教师评估。

听写训练：学生设置听写起止点和间隔时间，以手写式输入听写内容，听写结束后，学生修改电脑识别的粗稿后提交，由电脑给出评分和听写错误的地方，相应给出正确答案。

学生完成短时记忆训练后，系统根据教师评判，给出相应的等级分。学生达到系统设置的等级后，方可进入下一阶段。

第三阶段：口译笔记

口译笔记训练分为关键词、数字口译、专有名词等特定词语、逻辑关系、符号、缩略语的笔记训练。

关键词训练：学生听录音，记下关键词，完成练习后提交给教师进行评估。

数字口译训练：学生可以设置数字范围、数字单位、数字情景（如新闻发布会、气象预报）等参数，电脑随机从语音库中提取数字进行听写，学生将听到的内容填入规定的方框内，点击提交，系统自动判断学生正误及评分，对于错误率较高的，系统提示教师进行辅导。

专有名词等特定词语训练：专有名词需要强制记忆。系统储备好了各类型的专有名词、专业词汇、人名，学生可向数据库中添加新词汇，按照记忆曲线模式训练。

逻辑关系训练：可设计关系判断选择题。学生听完材料后，以选择题的方式考查学生对该段材料的理解。

笔记符号、缩略语训练：本系统提供一些使用频率高的词汇，由学生自己录入常用的符号或缩略语。训练开始后，系统随机读出词汇，一个单词或短语将间隔重复多次，学生在既定时间内，以手写式录入笔记。系统将自动保存笔记记录，同时传送给教师和学生，方便点评和总结。

第四阶段：情景交际互译

对话场景依据对话内容和对话人物转化，并有模拟口译现场的动态背景噪音匹配。学生可以选择与练习伙伴扮演口译活动中的各方角色。训练开始，系统自动录音，以分栏界面给出练习者的语音记录和参考译文，训练者相互评分，教师在线评分。系统将按照设计的算法综合处理教师和学生的评分计算学生的最后得分。

第五阶段：综合训练

本阶段口译训练材料是中英文的现场源语发言。学生可选择难度，按照系统设定的停顿进行交替传译的训练。系统记录学生的语音数据，随机抽取片段，供不同教师评分，再计算出最后的评分。

第六阶段：模拟训练

模拟训练使用真实口译现场的视频资料，现场口译可以设置为消音，由学生模拟担当现场译员。学生综合运用所学口译技能完成训练。材料分类分级，内容持续更新。训练成绩由教师评定，最后得分由系统处理后给出。

第七阶段：实战训练

实战训练采用"远程口译服务系统"。利用网络技术，我们将实现远程电视电话会议的口译服务，为学生搭建实践教学平台。

13.5.2.3 "口译教学训练系统"的技术实现

1. 系统的开发工具

外层界面设计可用网页工具HTML编辑器、Dreamweaver等，素材的处理选用Flash，Photoshop，Voice-editor，"绘声绘影"等多媒体软件，底层应用ASP.net，P2P或者微软网络程序设计平台Visual c# 2008开发，并调用 SQL Sever 2005的数据库系统。

2. 系统拓扑结构

在校园网络中，教师实验室为系统平台的控制中心。控制中心为大型服务器，系统管理和维护用的终端可选用一台或多台普通PC机；Web服务器采用Microsoft IIS 5.0；数据库使用SQL Server2005。教师把教学系统安装在该控制中心的服务器上，通过PC终端对服务器进行管理和维护，控制中心通过交换机连接到校园网网络中心，学生和教师通过互联网与校园网网络中心连接。当后台数据库建立完成后，通过建立ODBC数据源可指定数据库驱动程序和数据库路径，为通过数据源建立数据库连接创造条件。ADO（ActiveX Data Object）是一项容易将数据库访问添加到Web页的技术。在ASP程序中利用ADO内置的Connection对象和Recordset对象与数据库建立连接，通过执行SQL命令，让用户在浏览器端对后台数据库进行添加、删除、修改、查询、更新等操作。

3. 系统模块的初步实现

首页采用Dreamweaver软件进行设计，部分功能模块嵌入Java语言，点击各板块进入训练。在该主页上，学生可以进行在线训练、在线交流，并查看成绩，接受教师的点评和帮助。互动交流采用Web页和ASP技术相结合的方法将用户留言添加到数据库中，并动态生成页面供查阅和回复。运用ASP技术可以结合HTML网页、ASP语句和ActiveX组件建立动态、交互且高效的Web服务器应用程序，运用ADO技术实现数据库的搜索和查找，实现模糊匹配查询。

4. 口译训练板块的实现

口译训练板块主要采取的技术是数据库技术和语音识别技术。对于前者，可以用SQL2005数据库语言，为用户及其属性进行建表，数据的存储以树形结构为主。语音识别技术目前虽然不够完善，有一定的出错概率，但经过我们的试验，基本可以符合口译训练的需求。口译词库的管理在基于大型数据库的基础上，利用ADO技术实现数据库的搜索和查找。而模拟训练板块需要基于ASP技术进行远程链接，实现实时的会议交流。

5. 系统资源更新维护

系统资源应由系统管理员及时更新维护。音频、视频和文本材料采用二级树的存储模式。同时，根据教师和学生反馈的系统使用情况进行改进和升级。

13.6 小结

关于翻译（笔译）及翻译教学语料库的建设，翻译研究界和教学界已分别在理论和实践中做出了一定的探索，在国内外均已建有一定规模的翻译语料库。我们首次尝试探讨了口译教学语料库的作用和意义，建设口译教学语料库的主要环节及其关涉的问题，并以"口译教学语料库"和"口译教学训练系统"的建设为实践案例，初步总结了相关经验，希望能为相关教学实践的研究和探讨起到抛砖引玉的作用。

基于语料库的翻译专业口译教材建设 *

14.0 引言

随着中国经济的迅速发展、国际地位的提高和对外交流的扩大，中国对口译人才的需求日益增长。高质量的口译人才培养离不开高质量的口译教材。近年来，我国大陆出版的英汉、汉英口译教材如雨后春笋般涌现，争相吸引眼球。尽管口译教材数目繁多，但仔细分析后不难发现这些教材主要是针对非翻译专业学生编写的。根据教材内容和编排形式，口译教材大致可以分为三类：第一类是按专题内容组织课文内容的教材，如梅德明（2003）、冯建中（2002）主编的教材；第二类是围绕口译技能组织课文内容的教材，如仲伟合（2006）主编的教材；第三类是根据口译资格证书考试题型编写的教材，如外文出版社出版的口译教材。这些教材各有千秋，对译员的培养帮助很大，同时也为新世纪更有特色的口译教材编写提供了不可多得的借鉴。

在以往的口译教学实践中，教师和学员都反映口译教材还存在需要完善之处。例如，材料编排上很难做到由浅到深、循序渐进；有些教材难以有机融合口译技能训练和实践操练；有

---

* 陶友兰，《基于语料库的翻译专业口译教材建设》（《外语界》2010年第4期）。

些教材材料不够精练、真实，没有体现口语的规律及说话者的口语特点、身份地位甚至地域特征；教材配套不完善，无法及时补充最新的材料，等等（陶友兰，2008：155）。刘和平教授也认为目前已经出版的按照职业要求编写的口译教材缺乏针对性，"我觉得仍然有两个问题还没得到解决，一是口译内容的口语特点不突出，书面材料远远多于口语材料；二是缺乏时效性"（刘和平，2008：148）。

  对全国口译教学情况的调查显示[①]，一般比较成熟的口译课程的教学材料主要由四大部分组成：第一部分是教研组自编教材或讲义；第二部分是同行编写的正式出版教材作为补充材料；第三部分是自编口译文字教材散页，主要包括实际翻译场合的会议文件、演讲文稿等；第四部分是自选实况口译录音/录像/光碟材料，涉及的口译场合有全国人大记者招待会、国务院新闻办公室新闻发布会，以及财富论坛、APEC 会议、达沃斯论坛、博鳌亚洲论坛等各种国际会议。

  如今的口译教材大多采用传统的编写模式编写，缺乏客观科学的指导依据，很大程度上依赖于编者的主观直觉和教学经验。如果有了大容量的口译语料库，"通过语料库及语料库检索工具得到的统计数据，可在教学大纲设计、教材难度把握、教学内容安排、教材语料选择等方面发挥对教材编写的客观指导作用"（刘敏贤，2007：100）。因此，我们认为，针对翻译专业的特点和社会的需求，有必要对口译教材进行全新的设计和编排。新型教材编写可以借助信息技术充分利用翻译语料库资源，根据学生的认知图式和口译本身的特点选取合适的素

[①] 这一调查是笔者参加2006年第六届全国口译大会和2008年第七届全国口译大会时对开展口译教学的学校所做的口头调查。调查涉及北京外国语大学、广东外语外贸大学、上海外国语大学、西安外国语大学、厦门大学、对外经济贸易大学、北京语言大学、南开大学、大连外国语学院、四川大学、广西师范大学等近40所院校。

材，吸收口译研究最新成果，整合现有的纸质教材和口译词典，从而为培养出更多高质量的专业译员构建一个较为理想的现代化口译教材包：口译教学指南＋译员指南＋自主学习平台＋电子教材（录音带、录像带、幻灯片、电影片、投影片和口语化的文字材料）＋学生用书；其中，电子教材是主要产品，供教师教学使用，而学生用书印刷成纸质教材。

14.1　语料库与口译语料库

"语料库是按照一定的语言原则，运用随机抽样方法，收集自然出现的连续的语言，运用文本或话语片段而建成的具有一定容量的大型电子文本库。从其本质上来说，语料库实际上是通过对自然语言运用的随机抽样，以一定大小的语言样本代表某一研究中所确定的语言运用总体。"（杨惠中，2002：333）语料库中的语料是真正使用中的活的语言，是一种"集约化"的丰富的共享语料资源。目前国际上影响较大的语料库有：英国国家语料库、布朗语料库、国际英语语料库等。世界上第一个翻译语料库是1995年建立的翻译英语语料库（TEC）。在国内，北京外国语大学中国外语教育研究中心王克非教授主持建设了3000万词次的通用型汉英平行语料库。中科院自动化研究所、东北大学、哈尔滨工业大学等也建立了规模不一的句级对齐双语库。

由于口译活动的特殊性，口译语料库的开发和建设还处在起步阶段。以日本开发的CIAIR同传语料库为例[①]，虽然录音材料总共182小时，转写材料共计约100万字，但与当前语料库的发展规模相比，这一口译语料库的容量显然较小，其数据代表性自然受到较大限制。国内首个大型学习者英汉、汉英口笔译语料

---

① 参见http://www.elitc.nagoyau.ac.jp/sidb/

库是文秋芳、王金铨编著的《中国大学生英汉汉英口笔译语料库》（PACCEL），包含最真实的学习者口笔译样本，收录了全国18所高等院校英语专业三、四年级学生的2003~2007年英语专业八级考试英汉、汉英口译和笔译测试语料，包括完整的口译语音语料以及根据语音语料转写而成的口译文字语料；口译部分约50万字词，所有文字语料均经过句级对齐并进行了词性赋码。另外，广东外语外贸大学和蓝鸽公司正在合作建立大型英汉汉英口译语料库。据詹成老师介绍，目前第一部分自主学习平台设计已经完成，其他部分正在建设中。

根据张威（2009a）的观点，口译语料库从不同角度可以划分为以下五种类别：按照语料的不同来源渠道，口译语料库可分为现场口译语料库（包括现场录音、已出版现场口译实录等）、模拟口译语料库（包括模拟会场录音、口译训练室录音等）两类；根据口译主题，可分为百科性、专科性两类口译语料库；根据口译语言转换方向，可分为双语单向对应（如英→汉或汉→英）语料库、双语双向对应（如英→←汉）两类语料库；根据口译员实践水平，可分为专业口译员语料库和口译学员语料库（或称为口译学习者语料库）；根据工作方式与应用场合，可分为会议场合下的同声传译语料库和其他场合下的各种类型口译活动语料库。对所收集的语料要进行语料标注。首先，要充分借鉴口语语料库口语信息标注的成功经验，探索适合口译特点的"副语言"标注策略。其次，除基本的词性标注外，口译语料的文本结构标注不仅应该包括译者情况、时间、地点、口译活动组织者等信息，还应考虑包括反映口译交际特色的其他信息，如源语发布形式（自由发言、提纲式发言、带稿诵读等）、场景（会议口译、社区口译等）、工作形式（同传、交传等）、口译听众情况（知识背景、外语水平等）和技术设备（传统会场设备、远程口译设备（如电视、电话、网络等））等。

口译语料库的开发与建设，"不仅对提高口译研究质量、促进口译教学改革、完善机器口译研究与应用有重大意义,也必然对丰富语料库类型、扩大语料库应用研究范围、深化语料库研究层次起到积极的促进作用"(张威,2009a)。我们就着重谈谈口译语料库在口译教材建设领域的应用性。

14.2 基于语料库的口译教材设计

既然口译语料库有着巨大的优势,如果能够借用其丰富而真实的语料,结合现代化科学技术开发出口译教材包,应该对促进翻译专业本科学科建设和口译教学都有极大的帮助。

14.2.1 基于语料库的口译教材设计的理论基础

编写高质量的口译教材决不是简单的材料堆砌,而是"根据学习对象的现有水平、口译教学阶段的目的、口译题材的难易程度、口译技能的训练项目等系统编写而成"(梅德明,2003:5)。因此,"作为承载口译知识主体的口译教材,应该以口译理论为基础,以社会的实际需要为导向,真正体现口译的特点"(王金波 等,2006:46)。口译教材要具备这些特点,必须以科学的理论依据为指导。建构主义学习理论可以指导基于语料库的口译教材包的设计和编写。

建构主义学习理论是认知理论的一个重要分支,是学习理论中行为主义发展到认知主义之后的进一步发展,是当今世界比较盛行的一种学习理论。它提倡教师指导下的、以学生为中心的学习。建构主义学习环境包含情境、协作、会话和意义建构等四大要素。在建构主义学习理论中,关于学生的学习概括起来主要有以下几个观点:1)课本知识是关于各种现象较为可靠的假设,而不是问题的唯一正确答案;学生对知识的学习是在理解基础上对这些假设做出检验和调整的过程。2)学生建构知识的过程中,现有知识经验和信念起着重要作用;他们要把当前学习内容所反映的事物尽量和自己已经知道的事物相联系，并对这种联系加以思考。3）强调教学中的多向社会性和相互作用对学生知识建构的重要作用，主张师生之间、学生之间进行丰富的、多向的交流、讨论和合作研究。4）重视活动性学习在学生学习中的重要作用，学生要主动搜集并分析有关信息、材料，要用探索法、发现法建构知识的意义。

在建构主义学习理论的指导下，口译教材包的设计要提供以下几个方面的要素：1）构建真实的学习环境；2）提供自主学习的空间；3）提倡互动型学习方式；4）突出口译的实践性。因此，基于语料库的口译教材要体现建构主义的教学思想，要为知识的建构服务，而不是为知识的传授服务。因而，"在设计过程中，应当充分考虑该教材是否同时有利于学生自主学习、协作学习和探究学习等多种学习方式的开展，教学资源要围绕学生的知识建构而设计、开发。教材应尽可能地实现以问题为线索来组织知识，以体现网络和多媒体的工具优势，让学生成为问题的解决者，培养其解决问题的能力"（项国雄，2005：10），在实践中提高学生的口译水平。

14.2.2 基于语料库的口译教材设计原则

根据翻译专业的教学大纲，基于语料库的口译教材设计必须突破传统的教材编写方式，要真正体现口译的口语即席性特点、语料真实性特点和职业化特点，又能符合口译教学规律，突出口译教学技术化特点，还要符合学生认知规律。所以，基于语料库的口译教材设计应坚持以下几项原则。

14.2.2.1 遵循口译学习规律，循序渐进，讲究系统性

口译是一种技术性很强的活动，对口译员的要求很高。所以，在编写口译教材、帮助学员提高口译技能时，应该善于掌握口译学习的规律，循序渐进地编排材料，因材施教。例如，要提高口译能力，口译学员应具备良好的听辨能力，不仅能听

清楚发音，还能听懂语义，获取相关信息，然后能灵活地口述听到的主要内容，突破听说这一关。接着，练习视译，锻炼文字转换能力、预测能力等。最后才是专门训练交传和同传，同时去口译现场观摩和实习。所以，翻译专业的口译教材不能只是两本书和一张光盘。编者必须根据口译学习规律，研究调查学生在每个不同阶段的主要学习障碍，然后有目的、有重点地从语料库中选取合适的材料，按学习阶段编排一套系列电子教材，互相衔接，形成一个完整的训练体系。

14.2.2.2　口译技能培养与实践并重，讲究实用性

口译教学最大的挑战就是怎样把口译技能顺利地应用于口译实践。教师仅仅罗列出口译技能是不够的，而要想方设法把口译技能和技巧恰当地融合到口译材料中，通过适当的方式潜移默化地教给学员。因此，口译教师要有明确的教学理念，懂得职业化培训译员的方法，熟悉学员的心理和认知规律，掌握娴熟的教学技巧。而这一切可以通过有教学经验和口译实战经历的老师编写一本教师指南，讲述口译教学方法和步骤以及口译实践过程和相关教学技巧。由口译教师学习并灵活应用实现。同时，也要配套一本译员指南，告诉译员应该注意的事项和要掌握的职业化知识，以便缩短口译市场和口译课堂的距离，增强学生的积极性。为了更好地编写这两种教材，编者可以借助语料库进行相关研究，先获得第一手数据来证明按照什么顺序来教授什么技巧是合理的，而不是仅仅根据个人经验进行主观判断。关于译员指南里的职业知识，也可以通过语料库搜索出现频率较高的信息，来确定哪些知识是不可缺少的，哪些知识是可以灵活变通的。

14.2.2.3　整合多种口译资源，讲究真实性

目前口译教材最大的缺点就是材料不够真实，无法提供真实的口译场景。杨承淑教授（2005：37）认为编选口译教材

的第一要点就是"真材实景，耳听口说"，教材必须至少保证语言是活生生的口语。"口译教材文字化本身已经为教学效果蒙上了一层阴影，因为这些教材同笔译课教材除选材有所不同外，别无特点。"（刘和平，2001：xi）语料库的最大优势就是能够提供真实的语料和口译情景。如果构建翻译专业的口译教材，一定要以口译语料库为主要的语料来源，使用真实的口译语料。刘和平教授建议录音、录像材料不能超过全部教学材料的三分之一。具有代表性的现场口译语料库建立起来后，口译教学材料的真实性就会大大提高。译员通过观摩真实口译场景或亲身模拟实践，能够体会到口译不仅仅是语言的转换，而且受到口译交际现场很多其他因素的影响，从而自觉地、有意识地提高自己的口头交际能力。

口译材料真实性还表现在对源语讲话做出翻译的段落划分。因为在实际口译工作中，源语讲话人是以段落作为停顿单位的（长度在1~3分钟之间），所以电子教材中的口译材料不应以整篇文章的形式出现，编者应对源语讲话做出翻译的段落划分。如果语流量以每分钟150个单词计算，3分钟的讲话应该输出近450个字词。以循序渐进的原则确定信息发布的长度，开始可以每50个词停顿一次，逐步过渡到100个，依此类推。停顿在书面上体现为双斜线（//）。

14.2.2.4 材料要具有口语特点，讲究典型性

口译材料是口译教学及口译教材编写的物质基础，材料选择成功与否在相当大程度上决定着口译训练的效果。所以，对于语料库中的材料，也要有选择性地收集。对书面语味道比较浓的材料（当然，也不是要求材料全部口语化，诸如业务会谈、政治演讲与谈判等还是要保留一定的书面语色彩），在编入教材时需要做较大的变动、加工，使其语言更加规范，更加符合口译语言标准，凸显口译的口语特点。按照鲍刚（1998：24-

33）的说法，口语有八个特点：1）口语与笔语相比具有某种"先决存在性"；2）口语与笔语相比具有完全不同的存留时间，具有"口语暂留性"的特点；3）口语与笔语相比具有迅速得多的言语发布速度；4）口语具有"信息模糊性与松散性"；5）口语需要充分调动副语言信息或主题、交际环境、语境等其他超出语言的信息；6）口语信息反馈具有重复性；7）口语言语计划具有即席性；8）口语的语言结构性规律及口头修辞习惯与笔语有所不同。在实际使用中，口语用词原则表现为："能用人们熟悉的词，就不用牵强的词；能用单个的词，就不用多个的词；能用表示具体概念的词，就不用抽象概念的词；能用短语、简单词，就不用长词、大词"（何高大，1997：32）。

面对大量纷繁的语料，编写者应该借助语料库进行研究，调查口译市场上哪类主题的材料出现频率最高，哪类材料最具有挑战性，哪些材料具有共性，然后分门别类地科学编排最有代表性的材料，举一反三地进行训练，并引导学生总结口译规律和技巧。

14.2.2.5 凸显译者和学习者的主体地位,讲究互动性

口译教学效果的好坏取决于教师是否利用手中的材料充分调动学员的积极性，所以在口译教材设计过程中，不能忽视学习者和译者的主体性。译员利用口译语料库，通过搜索软件和自主学习平台进行自主学习，互相协作，不但能激发其学习积极性，而且能使其学会团队合作，提高素质和解决问题的能力等。口译教材也应涉及非智力因素内容，如口译人员的理解表达能力、应变能力、知识面、语言习惯以及应注意的外交礼节等。

另外，借助自主学习平台和学生用书，可以设计开放性练习，鼓励学员给出不同的参考译文和答案，写下自己的学习心得，进行网上交流，互相提高。好的译文甚至可以收进学习者语料库，供后来者学习评价。对于译文评价，要给出多种标准，主

要包括信息传递的准确度、语言表述的流畅性和客户满意度等。学员之间可以互相评价,形成一个动态的评价体系。

14.3 基于语料库的口译教材设计步骤

任何一种电子教材的编写都要经过调查、分析、开发、调试和应用阶段,基于语料库的口译教材设计也不例外。

1)调查和分析阶段:口译教师和教材编写者必须在编写之前进行各种调查,熟悉已有口译教材的特点,了解使用者的需求,明确翻译专业口译教学大纲和教学目标,然后和技术人员一起研究分析网络教材设计的总体规划,探讨在网络环境下如何优化教学。

2)语料收集阶段:在明确目标以后,就要确定编写团队,明确分工,收集语料。语料最主要的来源当然是口译语料库。但是,鉴于现在口译语料库还在建设中,可以取材于已出版的比较受欢迎的口译教材(涉及版权问题)、公开的网络资源、许可的现场录音或录像、已出版的口译词典等。由于口译工作中常见的六个话语类型是叙述言语体、论证言语体、介绍言语体、礼仪言语体、鼓动演说言语体和对话言语体(刘和平、鲍刚,1994:21),电子教材部分就可以按照这些话语类型分批收集语料。

3)设计开发阶段:利用语料库翻译研究成果和相关技术支持,分析所收集的各类口译语料,进行科学编排、标注,按系统分析规划来完成各积件的设计及文本、音频、视频的制作。在这一部分,可以按照需要设计一些专门栏目,如术语翻译、套话翻译、习语翻译、职称口译、菜肴口译、名胜古迹口译等。

4)整合调试阶段:按照教师的教学策略,技术人员将各种素材通过组合平台整合成课件,同时将教师的教育思想和学习指导方法融入其中，运行调试。

5）实施教学阶段：基于语料库的教材设计完以后，就可以提供给学习者使用了。在使用过程中，教师和技术人员必须分别为学习者提供学习支持和技术支持。为了更好地检验学习效果，除了网上交流以外，还应配备一本纸质学生用书，要求学生根据电子教材内容进行大量课外练习，交给老师批改。

6）维护和更新阶段：在使用电子教材时，可根据教学需求进行一些技术改进和材料更新工作，使之更好地服务于口译教学。

14.4 基于语料库的口译教材使用潜力

基于语料库的口译教材设计为实现口译教学课程结构的科学化和规范化提供了保证；其次，"基于语料库的翻译教学符合认知科学的规律，其结果是可以验证的，有利于培养学生的研究性学习能力；再次，利用计算机强大的功能进行快速、准确和复杂的检索分析可以实现教学理念的现代化，有利于培养学生的学习能力和创新精神"（于连江，2004：44）。成功开发出这样的口译教学包，可以解决以下几个口译教学问题：1）解决口译教学内容多、需要大量实践与课时有限的矛盾：语料库最大的优势就是可以保存大量真实语料，可以按照不同难易程度、不同主题进行标注，向学生提供无限时课后练习。2）学生能够根据自己的水平和兴趣选材练习：自主学习平台可以使学生发挥主观能动性，让他们根据自己需要进行自我练习、自我检测、自我提高，避免了学习结果检测的难度问题和质量控制问题。3）材料更新及时，突出学习者的主观能动性：传统的口译教材缺乏灵活性，而利用语料库的资源，就可以引导学习者自主选择适合自己或自己喜欢的专题进行练习；另外，通过提供同一题材的不同译本供学习者比较，从中发现口译语言的具体特征，引导学习者记录口译过程中的疑难和决策，在口译实践过程中摸索语言转换规律，提高口译能力。4）提高学生的交际能力和解决问题的能力：口译是一门交际性很强的课程，学生通过自主学习平台和老师进行交流，和同伴们合作，激发了学习热情，极大提高了学习主动性。

基于语料库的口译教材不仅可以提高口译教学效果，而且为口译研究开启了新的视角：1）它促使口译理论更紧密地联系口译实践：传统的口译教材往往是轻理论、重实践，而引进语料库资源，就可以通过大量的实例分析，获取相关数据，为口译理论提供比较科学的第一手资料，甚至可以水到渠成地引出一些应用性口译理论；2）它促进口译研究与口译教学相结合：大量语料可以帮助使用者研究口译错误及其内在动因和机制，揭示口译认知过程的本质以及口译活动的制衡因素等，从而确定口译译员培训或教学的需求，使口译研究成果更好地引领口译教学。

14.5 小结

基于语料库的口译教材建设是一项巨大的工程，需要多方面人员的合作和无私奉献，同时需要编写者在研究语料库的基础上进行开发和设计。口译语料库的建设才刚刚开始，面临着很多特殊困难，如语料采集与转写的工作量巨大，口译语料标注具有特殊性（语料时间切分、"副语言"信息标注、检索工具研发）等。所以，要想搞好翻译本科专业建设，提高口译教学的质量和效果，建设口译语料库、开发纸质教材和电子教材相结合的"口译教材包"是一个非常有效的途径，因为"只有切实丰富教学资源，编写出适合翻译专业课程教学的教材，才有利于翻译专业学习者语言知识能力和翻译知识技能的整体培养"（庄智象，2008：105）。

基于网络和语料库的口译教学策略探索*

15.0 引言

口译是结合技巧和实践的一门英语专业学习的基础学科,近年来越来越受到语言界的关注。据估,口译人才缺口达百万,然而真正高质量的口译却凤毛麟角。实践表明,如果口译学习者仅仅局限于课堂学习,其翻译能力的提高也是鲜有成效的。口译时译员的心理压力较大,教师需要为口译学习者(尤其是初学者)建立信心,鼓励学生的练习和实践。

多媒体计算机辅助外语教学为我们展示了一种很好的教学方式和辅助手段。口译教师可以借助其辅助功能,构建适合学生认知特点和学习习惯的学习环境,刺激学生的积极性和主观能动性。随着互联网的飞速发展,网络丰富的资料来源和便捷的沟通方式弥补了传统多媒体授课的不足。利用网络的优势,可以进一步推动和发展计算机辅助口译教学实践。

---

* 陈振东、李澜,《基于网络和语料库的口译教学策略探索》(《外语电化教学》2009年第1期)。

15.1 口译学习现状分析

口译课的实践性很强,单纯的教师对技巧的讲解是行不通的。口译要求译员高度的注意力和快速的大脑理解分析记忆能力。口译课上学生很容易疲劳或走神,课堂反复的操练到最后反而由于学生的惰怠学习效果不佳,失去了操练的意义。为了进一步了解口译教学和口译学习者的学习状况,笔者进行了有关的问卷调查。此次问卷调查中,笔者对57位英语专业本科生做了调查,回收有效答卷54份。问卷结果如下:

表 15.1 问卷调查结果

问题	答案	人数	比例
1. 是否接受过口译课学习?	是	54	100%
	否	0	0%
2. 是否有过口译经验?	是	20	37.0%
	否	34	63.0%
3. 你认为文化背景知识是否影响到你的正常发挥?	很大程度	0	0%
	较为影响	26	48.1%
	一般	21	38.9%
	不太影响	7	13.0%
	不影响	0	0%
4. 你认为你的英语能力是否影响到你的正常发挥?	很大程度	30	55.6%
	较为影响	18	33.3%
	一般	0	0%
	不太影响	6	11.1%
	不影响	0	0%
5. 英文词汇主要来源?	课堂学习	26	48.1%
	报刊杂志	6	11.1%
	互联网络	19	35.2%
	电视广播	2	3.7%
	其他	1	1.9%

续表

问题	答案	人数	比例
6. 中文词汇主要来源？	课堂学习	0	0%
	报刊杂志	16	29.6%
	互联网络	8	14.8%
	电视广播	25	46.3%
	其他	5	9.3%
7. 日常讯息主要来源？	课堂学习	2	3.7%
	报刊杂志	20	37.0%
	互联网络	18	33.3%
	电视广播	12	22.2%
	其他	2	3.7%
8. 平均每天上网多长时间？	不上网	1	1.9%
	0~1小时	8	14.8%
	1~2小时	25	46.3%
	2~3小时	15	27.8%
	3小时以上	5	9.3%
9. 点击英文网站的频率？	经常	32	59.3%
	偶尔	22	40.7%
	从不	0	0%
10. 浏览英文学习网站或论坛的频率？	经常	18	33.3%
	偶尔	35	64.8%
	从不	1	1.9%
11. 中翻英口译感到最困难的是？	听力理解	10	18.5%
	口头表达	19	35.2%
	大脑记忆	21	38.9%
	其他	4	7.4%
12. 英翻中口译感到最困难的是？	听力理解	30	55.6%
	口头表达	8	14.8%
	大脑记忆	14	25.9%
	其他	2	3.7%

续表

问题	答案	人数	比例
13. 口译中中文词汇缺乏程度？	非常缺乏	4	7.4%
	有点缺乏	37	68.5%
	不太缺乏	13	24.1%
	不缺乏	0	0%
14. 口译中英文词汇缺乏程度？	非常缺乏	14	25.9%
	有点缺乏	40	74.1%
	不太缺乏	0	0%
	不缺乏	0	0%
15. 你口译时是否经常有焦虑心理？	是	13	24.1%
	否	12	22.2%
	一半一半	29	53.7%
16. 有的话，是促进还是阻碍你的正常发挥？（没有的话，可不作答）	促进	4	9.5%（占有焦虑心理总数42人）
	阻碍	38	90.5%（占有焦虑心理总数42人）
	无所谓	0	0%

本份问卷调查的内容可以分为四部分：中英双语间口译的影响因素、词汇学习、上网情况、焦虑心理。根据调查，我们可以得出以下结论：

- 英翻中学生认为最困难的是听力理解（55.6%）。（问题12）
- 中翻英最难的是大脑记忆（38.9%），其次是口头表达（35.2%）、听力理解（18.5%）。（问题11）
- 所有被调查学生均认为缺乏英文词汇，其中25.9%认为非常缺乏。（问题14）

- 7.4%的学生觉得中文词汇非常缺乏，68.5%的学生认为中文词汇有点缺乏。（问题13）
- 学生自身主要的英文词汇来源：课堂学习（48.1%）、互联网络（35.2%）、报刊杂志（11.1%）、电视广播（3.7%）、其他（1.9%）。（问题5）
- 33.3%的学生把互联网络看作他们日常信息的主要来源，仅次于报刊杂志（37.0%）。（问题7）
- 98.1%的学生每天都会上网（问题8），59.3%的学生经常、40.7%的学生偶尔会点击英文网站（问题9），98.1%的学生曾经浏览过英文学习网站或论坛，其中总人数33.3%的学生是经常浏览（问题10）。
- 77.8%的学生在口译中会受到焦虑心理的影响，24.1%感到这种影响为经常性的。（问题15）这部分学生中，90.5%的学生认为这种影响是阻碍其口译正常发挥的。（问题16）

因此，英语词汇的听力和表达是口译学习者的一大障碍，英语词汇的学习和积累对于口译学习者水平的提高起着重要的作用。要达到交流思想的目的，首先要熟练运用至少两种语言。"口译人员工作语言，在词汇方面是非常丰富的"（塞莱丝科维奇，1979：92）。也就是说，口译员要具备充分且不断更新的词汇。教师应采取措施帮助学生学习和积累英文词汇，从而促进学生口译水平的有效提高。互联网会是一个较好的鼓励学生课下自学的途径。网络是课堂学习之外学生主要的英文词汇来源，符合学生的学习习惯。建立学生的自信心成为克服各种焦虑的来源的基础和重心。学生增强自信心不仅能够舒缓课堂上的紧张，而且可以减轻口译的心理压力，从而提高学习效果和口译质量。

15.2 网络和语料库构建的意义

如何更有效地提高学生的中英文词汇量？如何建立学生口译时的自信心？如调查问卷显示，学生大量课余时间用于上网，口译教学如何利用网络资源？这些问题值得我们深层次的思考。在口译教学中利用网络、构建语料库具有现实意义。

15.2.1 口译教学中网络的运用

网络环境下的口译教学可取之处在于它具有得天独厚的优势。网络资源丰富，为英语教学提供了大量自然、真实、鲜活的语言材料，学生和教师都可以通过网络资源学习中英词汇，掌握新词、流行词汇。网络可以为口译学习提供一个真实自然的语言学习和交际环境。学生可以通过网络和不同水平的英语学习者沟通，甚至可以和母语为英文的人士交流，训练更地道的表达方式。这也有助于学生跨文化知识的提高，有利于学生综合英语素质的培养。网络使"个别化教学"成为可能，学生可运用网络单独学习，有利于培养学生独立学习的能力，发现新问题，从课堂上不同的视角理解知识点，是"以学生为中心"的现代教育思想的充分体现。因此，网络可以让教师和学生不受时间和空间的限制，这与传统的课堂教学相比是一个极大的突破。

这些网络英语教学的特点正好符合了口译教学的要求，体现了"以学生参与为中心"的教学理念，不仅提供了丰富的词汇和知识的来源，而且调动了学生的积极性，让学生有了充分的准备时间和渠道。与此同时，教师—学生、学生—学生之间可以课下利用网络进行交流，脱离了课堂上的紧张气氛，学生可以更加自如地表达自己的想法，提高自信心。

15.2.2 口译教学中语料库的运用

"语料库是应用计算机技术对海量自然语言材料进行处理（包括预处理、语法自动附码、自动句法分析、语义分析等)、存储,以供自动检索(retrieval)、索引以及统计分析的大型资料库。"(李文中,1999:51)英语语料库结合口译教学和学习有着巨大的价值,表现在:1)呈现了大量真实的语言材料;2)提供了丰富的词汇及语境;3)使用可以独立操作,从而鼓励学生主动思考;4)"语料库方法注重运用而非能力,重描述(description)而非普遍语法(universals),重量化分析(quantitative analysis)而非定性分析(qualitative analysis)。"(李文中,1999:52)教师和学生能够得到更加具有统计意义的数据,客观审视语言的实际运用而不拘泥于书面的文本,这一点对口译实际操作更具指导意义。

英语语料库对口译教学和学习具有辅助功能。首先,英语语料库能反映英语词汇在实际使用中出现的频度。对于词频较高的词汇、短语、习语或惯用语可在教学中着重或优先进行训练。其次,英语语料库能反映词汇的常见搭配。通过观察英语单词前后出现的1~3个词汇,可以总结出该词在表达中的频率位置和固有搭配。学生熟悉这些搭配可帮助他们减轻听辨压力,克服表达障碍。"键入关键词,软件自动检索语料库,为每一个搜索到的关键词提供所在行固定数量的语境词,并以该关键词为中心在屏幕上显示出来。"(甄凤超,2005:21)第三,英语语料库能反映一些基本句型(如被动句、强调句)在源语和译语中的频度和常见用法。第四,英语语料库能反映语篇结构词(discourse item),如well,you know,yes,thank you,really,anyway等的语篇功能,eh,ah,um等一些停顿常出现的语境。通过对这些功能的理解和实例分析,学生可以更好地掌握副语言信息,有利于对源语的准确把握、合理预测与联想。最后,英语语料库能辅助归纳不同题材的语篇框架和修辞特征。大会发言、法庭流程、专题报告、商务洽谈,各种题材的讲话会有类似的语篇框架,通过总结,找出规律,帮助口译学习者厘清源语逻辑,成竹在胸。由此可见,语料库对于口译教学和学习的作用不仅体现在词汇的归纳和整理上，而且在句法、副语言信息、语篇等层面都有积极的意义。

15.2.3 网络和语料库在口译中的综合利用

将语料库运用到口译教学和学习的一个最大的问题就是语料的搜集。"在90年代，各种专门语料库纷纷建成或在建，如用于文学作品分析的各种作家语料库，用于历史语言学分析的历史语言语料库，用于学习者语言运用分析的学习者语料库。"（李文中，1999：52）一些语料库检索软件包括MicroConcord，WordSmith以及上海交通大学自行开发的CAST等受到越来越多的关注。语料库与基础语言课程，如词汇、语法、语音、阅读、文体学等的合作均有了一定的发展，但口译方向的专门语料库并没有得到很好的推进，究其原因主要也是语料来源有限和"真实材料"搜集困难。通过一些语料库，人们对于英语口语有了更深刻的了解，这在一定程度上对口译学习是有帮助的，但一定不像建立一个口译语料库的帮助那样直接有效。

网络资源不失为一个可以利用的语料提供渠道，但随之而来的问题是语料来源的真实可靠性，以及对网络无限量的信息的漫长筛选过程。解决的方法之一就是先建立一个小型的语料库，通过不断积累资料，逐渐完善容量较大的语料库。教师在口译教学过程中可以调动学生对口译的自主学习，在检验学生学习成果的同时将学生拿到的语料和自己查找到的语料汇合。教师根据自己的经验整理出符合实情的材料，甚至可以多人多次筛选，最后汇总。这种方法不仅鼓励学生利用上网时间学习英文，熟悉口译实践文本，而且扩大了语料的搜集范围。再经过受控的筛选过程，得到内容更充实可信的语料库。这种方法也仅限于用于口译教学的小型内控语料库，大型语料库还需要更多从口译现场得到的第一手资料，也就是需要更多口译界人士的通力合作。

当然，既然是辅助教学，网络和语料库只为口译教学和学习提供了一个分享和交流的平台。主角还应当是人，即教师或者学生。教师在教学中的指导作用仍然是最具亲和力和直接性的，学生的主观能动仍然是学习主要驱动因素。网络和语料库不会削弱教师的作用，应当被置于整体的教学计划之中，为教师节省时间，提供便捷和想象空间，与现实的课堂学习有机结合。"语料库本身并不是目的，而只不过是一种更好的手段或工具。"（李文中，1999：54）

15.3　语料库和网络辅助口译教学的策略与展望

"认知学派认为学生在学习过程中存在环境刺激、主动发现、与原有知识互相作用、重新构建知识结构这样四个主要的环节（或要素）。"同时，"在认知理论指导下，CAI软件的设计原则包括开放性原则、情景性原则、积极参与原则等"（胡隆 等，2001：6）。"开放"就要利用网络这个百科大全，找寻多元的沟通模式；"情景"就要模拟各种口译现场氛围，搜索真实的口译资料；"积极参与"就要鼓励学生参与教学，讨论并分享成果。基于网络和语料库的口译教学策略无疑符合这三大原则，更好地调动学生的主观能动性，学习的同时积累并分享知识，惠及未来。

15.3.1　小型语料库的建立

根据口译话题将学期所有口译课课时分为政治、经济、文化、旅游、科技等几个专题（可视学校特点侧重不同专题，如财经类院校在经济专题多安排几个课时）。将学生分成小组，每一节课都要求一组学生做相关专题的准备，包括词汇、口译实录、背景资料等，可以查阅网络、报刊、书籍各种资料，尽量保证文字内容的真实性。这是学生对该主题的预习，也是资料搜集的过程。调查显示，学生不仅一致认为英文词汇匮乏，而且一大部分学生认为自己中文词汇同样匮乏，教师应当建议学生在准备中不仅侧重英文词汇和表达，而且要多读中文新闻和文章，提高母语水平。课上先请该组同学对背景资料做中英文简单介绍。然后组织学生做相应话题的实战练习，有录像资料可播放，让学生感受口译现场并进行模拟口译。教师课后将学生查找的资料选择性录入数据库，连入校内局域网，师生共享，并时时更新补充各专题内容。内控的小型语料库就初现雏形。它不仅允许教师和学生进行如上操作，教师还可以标注学生课堂上常出错、犹豫或停顿的地方。这种标注也可由学生自行完成，点击越多说明口译时越容易对学生造成困扰。

举例来讲，"After the war, Israel cleared a plaza in front of the wall so that Jews could pray there."是一句学生常出错的句子。学生在缺乏相关历史背景知识的时候很容易在"wall"这个词上出现障碍，译为"战争"（war），或者犹豫停顿，又或者干脆跳过不译。学生在查找最容易出错的检索时，一些类似的句子就会出现在查询结果中。又比如，学生在搜索war这个单词时，会出现多个相关句子，并显示前后3~4个词汇，学生可以进一步发现主要在哪些场合哪些话题中谈到了"战争"这一问题。学生在查找停顿时，会发现何种情况下发言人或者口译员发生了停顿，如说到关键词、长词、专业词汇、引语，或发言人转移话题，等等。在查找商务谈判时，检索结果会显示语料库中有关这一话题的所有文章，便于学生阅览学习。

15.3.2 课余网络学习制度的形成

教师不仅可以通过电子邮件、公共邮箱等形式给学生课下答疑，还可以开设电子论坛，在学校内部开设口译学习的讨论区，同学间可以分享知识技巧、介绍心得体会、转载优秀的文章或网络链接等。教师还可以组织学生进行定期的网上英语角，设立聊天室，学生可以用英文交流文化、生活、口译学习等。在技术条件不允许的情况下，教师和学生也可通过建立QQ、MSN群进行网上交流。教师在和学生面对面谈话的同时可设立网上答疑时间，方便学生在更多时间以更多样的方式和教师沟通。网络无声的交流不仅让交流变得多元化，而且可以帮助那些性格较内向的学生增强表达的信心。在网络环境下，人们有了更充足的时间思考和修正自己的语言，这也就让学生们迈出了积极表达的第一步。有条件的师生还可以进行音频会议、视频会议，方便沟通且可模拟会议或谈判进行陪同翻译练习。例如，将学生分为N组进行角色扮演，模拟可视或电话会议，每一方有1~2个学生当发言人（中/英）并配有一个陪同口译，各方轮流发言，教师作为与会者进行参与，最后做点评。这种训练方式不仅模拟了口译现场的氛围，而且调动了学生的积极性，更重要的是陪同翻译的压力较小，无形中增强了学生学习口译的自信心。

15.3.3　前瞻性思考

基于网络和语料库的口译教学策略面临的首要问题就是与教学相结合的技术问题。小型简易语料库的建立、网上英语角、音频/视频会议等需要计算机程序或网络知识的支持，教师和学生应当接受相关的培训。教师要以开放式的眼光积极同懂技术的同行或非同行人员学习合作，了解网络和语料库的相关知识，避免"技术恐惧症"，将语言和技术更完美地结合，辅助口译教学开展。

另一个问题就是要正确认识教师的职责。教师在这样一种多元的教学方式中起着不可替代的督导作用。"教师的角色应该是学习任务的设计者，教学活动的组织者和参与者，同时还是学生网上学习的向导和顾问。"（胡隆 等，2001：149）所以，教师更重要的是教会学生一种学习方法，培养一种正确的学习态度。基于网络和语料库的口译教学策略能够适应当代学生的习惯，注重他们的个人需求，刺激他们的学习兴趣，有效帮助他们学习口译。

15.4 小结

我们首先对英语专业口译学习进行了问卷调查分析，发现被调查的英语专业学生普遍认为自身缺乏中英文词汇，多数学生经常上网并且浏览英语网站。为了改善口译教学，笔者分析了利用网络和建立语料库的优势，以及对口译教学的辅助作用，提出了基于网络和语料库的口译教学策略，包括建立小型内控的语料库，鼓励学生运用网络资源查找资料，通过电子邮件、电子论坛、网上英语角、音频/视频会议等形式进行教师—学生、学生—学生的沟通和交流。基于网络和语料库的口译教学策略是将网络和语料库同口译教学相结合的初试，需要通过教学实践进行验证、查漏补缺、不断完善，并且随着语料资源的增加，新技术问题也会随之出现。渴望在未来建成的口译语料库需要更丰富的语料，更准确的筛选，更强的技术支持和各方面的通力合作。我们面临的困难还很多，但将网络和语料库运用于口译教学的优势证明克服困难所付出的努力是非常值得的。

Alexieva, B. (1991). Types of texts and intertextuality in simultaneous interpreting. In Snell-Hornby, *et al.* (Eds.), *Translation studies: An interdiscipline* (pp. 179-187). Amsterdam/Philadelphia: John Benjamins.

Armstrong, S. (1997). Corpus based methods for NLP and translation studies. *Interpreting,* (2), 141-162.

Baddeley, A. D., Hitch, G. (1974). Working memory. In S. Bower, (Ed.), *The psychology of learning and motivation: Advances in research and theory* (Vol.8). (pp.47-89). New York/San Francisco/London: Academic Press.

Baker, M. (1993). Corpus linguistics and translation studies: Implications and applications. In M. Baker, *et al.* (Eds.), *Text and technology* (pp. 233-250). Philadelphia/Amsterdam: John Benjamins.

Baker, M. (1995). Corpora in translation studies: An overview and some suggestions for future research. *Target,* (2), 223-243.

Baker, M. (1996). Corpus-based translation studies: The challenges that lie ahead. In H. Somers (Ed.), *Terminology, LSP and translation: Studies in language engineering, in honour of Juan C. Sager* (pp.

175-186). Amsterdam/ Philadelphia: John Benjamins.

Baker, M. (1999). The role of corpora in investigating the linguistic behaviour of professional translators. *International journal of corpus linguistics*, (2), 281-298.

Baker, M. (2001). *Routledge encyclopedia of translation studies*. London/New York: Routledge.

Baker, M. (2004). The treatment of variation in corpus-based translation studies. In K. Aijmer & H. Hasselgrd (Eds.), *Translation and corpora* (pp. 7-17). Acta Universitatis Gothoburgensis.

Baroni, M., *et al.* (2004). Introducing the La Repubblica Corpus: A large, annotated, TEI(XML)-compliant corpus of newspaper Italian. In M. T. Lino, *et al.* (Eds), *Proceedings of the 4th International Conference on Language Resources and Evaluation*, (5), (pp. 1771-1774).

Bartlomiejczyk, M. (2006). Strategies of simultaneous interpreting and Directionality. *Interpreting*, (2), 149-174.

Bendazzoli, C., *et al.* (2004). Towards the creation of an electronic corpus to study directionality in simultaneous interpreting. In N. Oostdijk, G. Kristoffersen, & G. Sampson (Eds.), *Compiling and processing spoken language corpora, LREC 2004 Satellite Workshop, Proceedings of the 4th International Conference on Language Resources and Evaluation* (pp. 33-39).

Bendazzoli, C., & Sandrelli, A. (2005). An approach to corpus-based interpreting studies: Developing EPIC (European Parliament Interpreting Corpus). Retrieved October 13, 2010, from http://www.euroconferences.info

Bendazzoli, C., & Sandrelli, A. (2009). Corpus-based interpreting studies: Early work and future prospects. Retrieved October 23, 2009, from http://webs2002.uab.es/tradumatica/revista/num7/

articles/08/08art.htm

Berk-Seligson, S. (1990). *The Bilingual Courtroom: Court Interpreters in the Judicial Process.* Chicago/London: University of Chicago Press.

Biber, D., Conrad, S., & Reppen, R. (2000). *Corpus Linguistics.* Beijing: Foreign Language Teaching and Research Press.

Biber, D., & Finegan, E. (1992). On the exploitation of computerized corpora in variation studies. In Aijmer & Altenberg (Eds.), *English Corpus Linguistics* (pp.204-220). London/New York: Longman.

Blum-Kulka, S. (1986). Shifts of cohesion and coherence in translation. In J. House & S. Blum-Kulka (Eds.), *Interlingual and intercultural communication. Discourse and cognition in translation and second acquisition studies* (pp. 61-71). Tŭbingen: Gunter Narr Verlag.

Bowker, L. (2002). *Computer-aided translation technology: A practical introduction.* Ottawa: University of Ottawa Press.

Bowker, L., & Pearson, J. (2002). *Working with specialized language: A practical guide to using corpora.* London/New York: Routledge.

Bruce, D. (1985). The how and why of ecological memory. *Journal of Experimental Psychology: General,* (1), 78-90.

Carabelli, A. (1999). Multimedia technologies for the use of interpreters and translators. *The Interpreters' Newsletter,* (9), 149-155.

Carabelli, A. (2003). A brief overview of IRIS—The interpreter's research information system. In J. Jerez de Manuel (Ed.), *Nuevas tecnologías y formación de intérpretes* (pp.113-139). Granada: Editorial Atrio.

Carreras, X., Chao, I., Padró, L., & Padró, M. (2004). Freeling: An open-source suite of language analyzers. In M. T. Lino, M. F. Xavier, F. Ferreira, R. Costa, & R. Silva (Eds.), *Proceedings of* the 4th International Conference on Language Resources and Evaluation (pp. 239-242). ELRA.

Cencini, M. (2002). On the importance of an encoding standard for corpus-based interpreting studies. Retrieved October 23, 2009, from http://www.intralinea.it/specials/cult2k/eng_open.php?id=P107

Cencini, M. (2006). On the importance of an encoding standard for corpus-based interpreting studies. Retrieved December 9, 2006, from http://www.intralinea.it/intra/vol5/cult2k/cencini.htm

Cencini, M., & Aston, G. (2002). Resurrecting the corpus: Towards an encoding standard for interpreting data. In G. Garzone & M. Viezzi (Eds.), *Interpreting in the 21st century* (pp.47-62). Amsterdam/Philadephia: John Benjamins.

Chafe, W. L., DU B., John W., & THOMPSON, S. A. (1992). Towards a new corpus of spoken American English. In Aijmer & Altenberg (Eds.). *English corpus linguistics* (pp. 64-82). London/New York: Longman.

Chernov, G. (1979). Semantic aspects of psycholinguistics research in simultaneous interpretation. *Language and Speech*, (3), 277-295.

Christoffels, I. K., De Groot, A.M.B., & Kroll, J. F. (2006). Memory and language skills in simultaneous interpreters: The role of expertise and language proficiency. *Journal of Memory and Language*, (3), 324-345.

Cook, G. (1995). Theoretical issues: Transcribing the untranscribable. In Leech, *et al.* (Eds.), *Spoken English on computer: Transcription, mark-up and application* (pp.35-53). New York: Longman.

Coulthard, M. (1994). On the use of corpora on the analysis of forensic texts. *Forensic linguistics: The International Journal of Speech, Language and the Law,* (1), 27-43.

Cronin, M. (2002). The empire talks back: Orality, heteronomy and the cultural turn in interpreting studies. In F. Pöchhacker & M. Shlesinger (Eds.), *The Interpreting Readers* (pp. 386-379). London/ New York: Routledge.

Dam, H. V. (2002). Lexical similarity vs lexical dissimilarity in consecutive interpreting: A product-oriented study of form-based vs meaning-based interpreting. In F. Pöchhacker & M. Shlesinger (Eds.), *The interpreting studies reader* (pp. 266-277). London/New York: Routledge.

Dardano, M., & Trifone, P. (1989). *Grammatica italiana con nozioni di linguistica.* Bologna: Zanichelli Editore.

De Bot, K. (2000). Simultaneous interpreting as language production. In B.E. Dimitrova & K. Hylyenstam (Eds.), *Language processing and simultaneous interpreting: Interdisciplinary perspectives* (pp. 65-88). Amsterdam/Philadelphia: John Benjamins Publishing Company.

Dillinger, M. L. (1989). *Component processes of simultaneous interpreting.* Unpublished doctoral dissertation, McGill University.

Dimitrova, B.E., & Hyltenstam, K. (2000). *Language processing and simultaneous interpreting: Interdisciplinary perspectives.* Amsterdam/Philadelphia: John Benjamins Publishing Company.

Donovan, C. (2004). European masters project group: Teaching simultaneous interpretation into a B language: Preliminary findings. *Interpreting,* (2), 205-216.

Falbo, C., Russo, M., & Sergio, F. S. (Eds.). (1999). *Interpretazione simultanea e consecutive.* Milano: Hoepli.

Fellus, O. (2005). *Self-Corrections in Simultaneous Interpretation in the Language Pair Hebrew and English.* Unpublished master dissertation, Bar Ilan University.

Flores D, G. (1978). The contribution of cognitive psychology to the study of interpretation. In Gerver & Sinaiko (Eds.), *Language, interpretation and communication* (pp.385-402*)*. New York: Plenum Press.

Fumagalli, D. (1999-2000). *Alla ricerca dell'interpretese. Uno studio sull'interpretazione consecutiva attraverso la corpus linguistics.* Unpublished dissertation, Advanced School for Translators and Interpreters (SSLMIT), University of Trieste.

Gerver, D. (1971). *Simultaneous interpretation and human information processing.* Unpublished doctoral dissertation, Oxford University.

Gile, D. (1991). The processing capacity issue in conference interpretation. *Babel*, (37), 15-27.

Gile, D. (1992). Basic theoretical components for interpreter and translator training. In F. Dollerup, & B. Annette (Eds.), *Teaching translation and interpreting: Training, talent, and experience* (pp.185-194). Amsterdam/Philadelphia: John Benjamins Publishing Company.

Gile, D. (1994). Methodological aspects of interpretation and translation research. In Lambert & Moser-Mercer (Eds.), *Bridging the gap: empirical research in simultaneous interpretation* (pp. 39-56*)*. Amsterdam/Philadelphia: John Benjamins.

Gile, D. (1995). *Basic concepts and models for interpreter and translator training.* Amsterdam/Philadelphia: John Benjamins.

Gile, D. (1997a). Conference interpreting as a cognitive management problem. In Danks, *et al.* (Eds.), *Cognitive processes in translation and interpreting* (pp. 196-214). Thousand Oaks/London/New Delhi: SAGE Publications.

Gile, D. (1997b). Interpretation research: Realistic expectations. In K. Klaudy & J. Kohn (Eds.), *Transferre necesse est. proceedings of the 2nd International Conference on Current Trends in Studies of Translation and Interpreting* (pp. 43-51). Budapest/Hungary: Scholastica.

Gile, D. (1998). Observational studies and experimental studies in the investigation of conference interpreting. *Target*, (1), 69-93.

Gile, D. (2000). Issues in interdisciplinary research into conference interpreting. In B. E. Dimitrova & K. Hyltenstam (Eds.), *Language processing and simultaneous interpreting: Interdisciplinary perspectives* (pp.89-106.). Amsterdam/Philadelphia: John Benjamins.

Gile, D. (2009). *Basic concepts and models for interpreter and translator training* (Rev. ed.). Amserdam/Philadelphia: John Benjamins Publishing Company.

Gran, T. L., Carabelli, A., & Merlini, R. (2002). Computer-assisted interpreter training. In G. Garzone & M. Viezzi (Eds.), *Interpreting in the 21st century:Challenges and opportunities* (pp.74-92). Amsterdam/Philadelphia: John Benjamins.

Hale, S. (1997). The interpreter on trail: Pragmatics in court interpreting. In Carr, et al. (Eds.), *The critical link: Interpreters in the community; papers from the First International Conference on Interpreting in Legal, Health, and Social Service Settings (Geneva Park, Canada, June 1-4, 1995)* (pp. 201-211). Amsterdam/Philadelphia: John Benjamins Publishing Company.

Hale, S., Ozolins, U., & Stern L. (2009). *The critical link 5: Quality in interpreting—A shared responsibility.* Amsterdam/Philadelphia: John Benjamins Publishing Company.

Halliday, M. A. K. (1985). *An introduction to functional grammar.* London: Edward Arnold.

Halliday, M.A.K. (1989). *Spoken and written language* (2nd ed.). Oxford: Oxford University Press.

Halliday, M.A.K., & Matthissen, C. (2004). *An introduction to functional grammar* (3rd ed.). London: Edward Arnold.

Halverson, S. (1998). Translation studies and representative corpora: Establishing links between translation corpora, theoretical/descriptive categories and a conception of the object of study. *Meta,* (4), 494-513.

Harris, B. (1990). Norms in Interpretation. *Target,* (1), 215-219.

Hatim, B., & Mason, I. (2002). Interpreting: A text linguistic approach. In F. Pöchhacker & M. Shlesinger (Eds.), *The interpreting studies reader* (pp. 254-265). London/New York: Routledge.

Hitomi, T., & Shigeki, M. (2005). The relationship between listener impressions and the length of pauses in simultaneous interpreting: An analysis of experimental data using the CIAIR simultaneous interpreting database. *Interpretation Studies,* (5),137-155.

Holmes, J. S. (1988a). *Transkated!: Papers on literary translation and translation studies.* Amsterdam: Rodopi.

Holmes, J. S. (1988b). The name and nature of translation studies. In Holmes (Ed.), *Translated!: Papers on literary translation and translation studies* (pp. 81-91). Amsterdam: Rodopi.

Holmes, J. S. (2000). The name of nature of translation studies. In L. Venuti (Ed.), *The translation studies reader (pp.* 172-185*).* London/New York: Routledge.

Hönig, H. G. (2002). Piece of cake—or hard to take? Objective grades of difficulty of speeches used in interpreting training. *Teaching simultaneous interpretation into a "B" language, EMCI Workshop 20-21 September 2002.*

Jakobsen, A. L., Jensen, K. T. H., & Mees, I. M. (2007). Comparing modalities: Idioms as a case in point. In F. Pöchhacker, A. L. Jakobsen & I. Mees (Eds.), *Interpreting studies and beyond.* (pp.

217-249). Copenhagen: Samfundslitteratur.

Johansson, S. (1992). Times change, and so do corpora. In Aijmer & Altenberg (Eds.), *English corpus linguistics* (pp. 305-314). London/ New York: Longman.

Johansson, S. (1998). On the role of corpora in cross-linguistic research. In S. Johansson & S. Oksefjell (Eds.), *Corpora and cross-linguistic research: Theory, method and case studies* (pp. 3-24). Amsterdam/Atlanta: Rodopi.

Jurafsky, D., & Martin, J. H. (2004). Word classes and part-of-speech tagging. Retrieved August 21, 2011, from http://www.cs.colorado. edu/~martin/slp.html

Kalina, S. (1994). Analyzing interpreters' performance: Methods and problems. In Dolleterrup & Loddegaard (Eds.), *Teaching translation and interpreting 2*: *Insights, aims and visions* (pp. 217-224). Amsterdam/Philadelophia: John Benjamins.

Kalina, S. (2005). Quality assurance for interpreting processes. *Meta*, (2), 769-784.

Kaunzner, U. A. (1997). Audio-lingua: Pronunciation improvement through sound perception training. Retrieved July 22, 2005, from http://www.tomatis.se/tomatis/tomatis.nsf/8db568a96c37cd9e86 25674e00714a92/8cc4b812253cec6cc125687e0035ce84/$FILE/ Language%20Training.htm

Kelly, D., Martin, A., Nobs M., Sánchez, D., & Way, C. (2003). *La direccionalidad en traducción e interpretación: perspectivas teóricas, profesionales y didácticas*. Granada: Editorial Atrio.

Kennedy, G. (2000). *An introduction to corpus linguistics*. Beijing: Foreign Language Teaching and Research Press.

Kenny, D. (1998a). Creatures of habit? On changes in subject selection in translation from English into Norwegian. *Target*, (1),

29-52.
Kenny, D. (1998b). Creatures of habit? What translators usually do with words. *Meta*, (4), 515-523.
Kenny, D. (1998c). Corpora in translation studies. In M. Baker (Ed.), *Routledge encyclopedia of translation studies* (pp. 50-53). London/ New York: Routledge.
Klaudy, K. (2004). Explicitation. In M. Baker (Ed.), *Routledge encyclopedia of translation studies* (pp. 80-84). Shanghai: Shanghai Foreign Languages Education Press.
Kohn, K., & Kalina, S. (1996). The strategic dimension of interpreting. *Meta*, (1), 118-138.
Koichiro, R., Yu, H., & Matsubar, S. (2009). Corpus-based analyses of simultaneous interpreters' speech rates. *Interpreting and Translation Studies*, (9), 21-32.
Kopczynski, A. (1982). Effects of some characteristics of impromptu speech on conference interpreting. In Enkvist (Ed.), *Impromptu speech: A symposium* (pp. 255-267). Abo: Abo Akademi.
Köpke, B., & Nespoulous, J.-L. (2006). Working memory performance in expert and novice interpreters. *Interpreting*, (1), 1-23.
Kurz, I. (2001). Conference interpreting: Quality in the ears of the user. *Meta*, (2), 394-409.
Lambert, S. (1992). Shadowing. *The Interpreters' Newsletter*, (4), 15-24.
Laviosa, S. (1998a). The corpus-based approach: A new paradigm in translation studies. *Meta*, (4), 474-479.
Laviosa, S. (1998b). Core patterns of lexical use in a comparable corpus of English narrative prose. *Meta*, (4), 557-570.
Laviosa, S. (1998c). The English comparable corpus: A resource and a methodology. In Lynne Bower, *et al.* (Eds.), *Unity in diversity?*

Current trends in translation study (pp. 56-74). Manchester: St. Jerome Publishing.

Laviosa, S. (2002). *Corpus-based translation studies: Theory, findings, applications.* Amsterdam/New York: Rodopi.

Lederer, M. (1981). *La traduction simultanée: Expérience et théorie.* Paris: Minard Lettres Modernes.

Leech, G. (1991). The state of the art in corpus linguistics. In K. Aijmer & B. Altenbert (Eds.), *English corpus linguistics* (pp.8-29). London: Longman.

Leech, G. (1997). Introducing corpus annotation. In R. Garside, G. Leech & T. Mc Enery (Eds.), *Corpus annotation: Linguistic information from computer text corpora* (pp.1-18). London: Longman.

Leech, G., Myers, G., & Thomas, J. (1995). *Spoken English on computer: Transcription, mark-up and application.* New York: Longman.

Lindquist, P. P., & Giambruno, C. (2006). The MRC approach: Corpus-based techniques applied to interpreter performance analysis and instruction. *Forum*, (1), 103-138.

Liu, M., Diane, L. S., & Patrick, J. C. (2004). Working memory and expertise in simultaneous interpreting. *Interpreting*, (1), 19-42.

Lüdeling, A., & Kytö, M. (2008). *Corpus linguistics.* Berlin: Mouton de Gruyter.

MaCarthy, M. (1998). *Spoken language and applied linguistics.* Cambridge: Cambridge University Press.

Manuel Jerez, J. de. (2003a). El canal Ebs en la mejora de la calidad de la formación de intérpretes: estudio de un corpus en vídeo del Parlamento Europeo. In Collados Aís, Á., Fernández Sánchez, M.a M. & D. Gile (Eds.), *La evaluación de la calidad en interpretación:*

investigación (pp. 207-218). Granada: Editorial Comares.

Manuel Jerez, J. de. (2003b). Nuevas tecnologías y selección de contenidos: la base de datos *Marius*. In J. De. Manuel Jerez (Ed.), *Nuevas tecnologías y formación de intérpretes* (pp. 21-61). Granada: Editorial Atrio.

Marzocchi, C.,& Zucchetto, G. (1997). Some considerations on interpreting in an institutional context: The case of the European Parliament. *Terminologie et Traduction,* (3), 70-85.

Massaro, D. (1978). An information–processing model of understanding speech. In Gerver & Sinaiko (Eds.), *Language, interpretation and communication* (pp. 299-314). New York: Pienum Press.

Mauranen, A., & Kujamäki, P. (2004). *Translation universals do they exist?*. Amsterdam/Philadelphia: John Benjamins Publishing Company.

McEnery, T., & Wilson, A. (1996). *Corpus linguistics*. Edinburgh: Edinburgh University Press.

McEnery, T., & Wilson, A. (2001). *Corpus linguistics* (2nd ed.). Edinburg: Edinburg University Press.

Miller, A. N., & Kroll, J. F. (2002). Stroop effects in bilingual translation. *Memory and Cognition,* (4), 614-628.

Monaghan, J. (1995). Whole-text analysis in computerized spoken discourse. In Leech, *et al.*. (Eds.), *Spoken English on computer: Transcription, mark-up and application* (pp. 62-68). New York: Longman.

Monti, C., Bendazzoli, C., Sandrelli, A., & Russo, M. (2005). Studying directionality in simultaneous interpreting through an electronic corpus: EPIC (European Parliament Interpreting Corpus) . *Meta 4.* Retrieved September 11, 2010, from http://www.erudit.org/revue/meta/2005/v50/n4

Moser, B. (1976). *Simultaneous translation: Linguistic, psycholinguistic and human information processing aspects*. Unpublished doctoral dissertation, Innsbruck University.

Moser-Mercer, B. (1997). Beyond curiosity: Can interpreting research meet the challenge?. In J.H. Danks, *et al.* (Eds.), *Cognitive processes in translation and interpreting* (pp. 176-195). Thousand Oaks/London/New Delhi: SAGE Publications.

Moser-Mercer, B., Lambert, S., Darò, V., & Williams, S. (1997). Skill components in simultaneous interpreting. In Gambier, *et al.* (Eds.), *Conference interpreting: Current trends in research* (pp. 133-148) Amsterdam/Philadelphia: John Benjamins Publishing Company.

Neisser, U. (1967). *Cognitive psychology*. Englewod Cliffs/New Jersey: Prentice-Hall.

O'Connell, D. C., & Kowal, S. (1994). Some current transcription systems for spoken discourse: A critical analysis. *Pragmatics,* (4), 81-107.

O'Connell, D. C., Kowal, S. J., & Sabine K. (1993). Some sources in the error of transcription of real time in spoken discourse. *The Jerome Quarterly*, (3), 3-11.

Olohan, M. (2004). *Introducing Corpora in Translation Studies*. Oxfordshire: Routledge.

Olohan, M., & Baker, M. (2000). Reporting that in translated English: Evidence for subliminal processes of explicitation?. *Across Languages and Cultures*, (2), 141-158.

Orletti, F., & Testa, R. (1991). La trascrizione di un corpus di interlingua: Aspetti teorici e metodologici. *Studi italiani di linguistica teorica e applicata*, (2), 243-283.

Partington, A. (2001). Corpora and their uses in language research. In G. Aston (Ed.), *Learning with corpora* (pp. 46-62*)*. Bologna: Clueb.

Petite, C. (2004). *Repair mechanisms in simultaneous interpreting. A corpus-based analysis of interpreters' deployment of processing resources (English/French/German)*.Unpublished PhD thesis, Heriot-Watt University.

Pöchhacker, F. (1995). Those who do, a profile of research(ers) in interpreting. *Target,* (1), 47-64.

Pöchhacker, F. (2002). Researching interpreting quality: Models and methods. In Garzone & Viezzi (Eds.), *Interpreting in the 21st Century: Challenges and opportunities* (pp. 23-57). Amsterdam/Philadelphia: John Benjamins Publishing Company.

Pöchhacker, F. (2004). *Introducing interpreting studies*. London/New York: Routledge.

Pöchhacker, F. (2010). Why interpreting studies matters. In Gile, Daniel, Hansen, Gyde & Pokorn, Nike K (Eds.), *Why translation studies matters* (pp. 3-14). Amsterdam/Philadelphia: John Benjamins Publishing Company.

Poyatos, F. (1987). Nonverbal communication in simultaneous and consecutive interpretation: A theoretical model and new perspectives. *TEXTconTEXT*, (2), 73-108.

Poyatos, F. (2002). Nonverbal communication in simultaneous and consecutive interpretation. In F. Pöchhacker & M. Shlesinger (Eds.), *The interpreting studies reader* (pp. 234-246). London/New York: Routledge.

Psathas, G., & Anderson, T. (1990). The "Practices" of transcription in conversation analysis. *Semiotica,* (2), 75-99.

Pym, A. (2010). *Exploring translation theories*. London/New York: Routledge.

Quirk, R., Greenbaum, S., Leech, G., & Svartvik, J. (1985). *A comprehensive grammar of the English language*. London:

Longman.

Riccardi, A. (2005). On the evolution of interpreting strategies in simultaneous interpreting. *Meta*, (2), 753-767.

Rohdenburg, G. (1996). Cognitive complexity and increased grammatical explicitness in English. *Cognitive Linguistics*, (2), 149-182.

Rommetveit, R., & Turner, E. A. (1976). A study of "chunking" in transmission of messages. *Lingua*, (18), 337-351.

Russo, M. (1999). La conferenza come evento comunicativo. In C. Falbo, M. Russo & F. Straniero Sergio (Eds.), *Interpretazione simultanea e consecutiva.Problemi teorici e metodologie didattiche* (pp. 89-102). Milano: Editore Ulrico Hoepli.

Russo, M., Bendazzoli, C., & Sandrelli, A. (2006). Looking for lexical patterns in a trilingual corpus of source and interpreted speeches: Extended analysis of EPIC (European Parliament Interpreting Corpus). *FORUM*, (1), 221-254.

Ryu, K., Yu, H., & Matsubar, S. (2009). Corpus-based analyses of simultaneous interpreter's speech rates. *Interpreting and Translation Studies*, (9), 21-32.

Sandrelli, A. (2003a). Herramientas informáticas para la formación de intérpretes: Interpretations y The Black Box. In J. de Manuel Jerez (Ed.). *Nuevas tecnologías y formación de intérpretes* (pp. 67- 112). Granada: Editorial Atrio.

Sandrelli, A. (2003b). New technologies in interpreter training: CAIT. In H. Gerzymisch-Arbogast, *et al.* (Eds.). *Textologie und translation, Jahrbuch Übersetzen und Dolmetschen 4/II* (pp. 261-293). Tübingen: Gunter Narr Verlag.

Sandrelli, A. (2007). Designing CAIT (Computer-Assisted Interpreter Training) tools: Black Box. Proceedings of the Marie Curie

Euroconferences MuTra *"Challenges of Multidimensional Translation"*- Saarbrücken 2-6 May 2005.

Schweda Nicholson, N. (1990). The role of shadowing in interpreter training. *The interpreters' newsletter*, (3), 33-40.

Seguinot, C. (1988). Pragmatics and the explicitation hypothesis. *The CAAL Bulletin*, (1), 151-161.

Seleskovitch, D. (1975/2002). Language and memory: A study of note-taking in consecutive interpreting. In F. Pöchhacker & M. Shlesinger (Eds.), *The interpreting readers* (pp. 121-129). London/New York: Routledge.

Seminl, E., & Short, M. (2004). *Corpus stylistics: Speech, writing and thought presentation in a corpus of English writing*. London: Routledge.

Setton, R. (1999). *Simultaneous interpreting: A cognitive-pragmatic analysis*. Amsterdam/Philadelphia: John Benjamins Publishing Company.

Shlesinger, M. (1989a). *Simultaneous interpretation as a factor in effecting shifts in the position of texts on the oral-literal continuum*. Unpublished master dissertation, Tel Aviv University.

Shlesinger, M. (1989b). Extending the theory of translation to interpretation: Norms as a case in point. *Target,* (1), 111-116.

Shlesinger, M. (1994). Intonation in the production and perception of simultaneous interpretation. In Lambert & Moser-Mercer (Eds.), *Bridging the gap: Empirical research in simultaneous interpretation* (pp. 225-236). Amsterdam/Philadelphia: John Benjamins.

Shlesinger, M. (1995). Shifts in cohesion in simultaneous interpreting. *The Translator*, (2), 193-214.

Shlesinger, M. (1998). Corpus-based interpreting studies as an offshoot of corpus-based translation studies. *Meta*, (4), 1-8.

Shlesinger, M. (2008). Towards a definition of interpretese: An intermodal, corpus-based study. In G. Hansen, A. Chesterman & H. Gerzymisch-Arbogast (Eds.), *Efforts and models in interpreting and translation research. A Tribute to Daniel Gile* (pp. 56-78). Amsterdam/Philadelphia: John Benjamins.

Shuttleworth, M., & Cowie, M. (1997). *Dictionary of translation studies*. Manchester: St. Jerome.

Sinclair, J. (1991). *Corpus, concordance, collocation*. Oxford: Oxford University Press.

Sinclair, J. (2003). *Reading concordances*. London: Pearsons.

Sinclair, J. (2007). The search for units of meaning. In W. Teubert & R. Krishnamurthy (Eds.), *Corpus linguistics* (Vol. 3) (pp. 3-29). London: Routledge.

Slobin, D. I. (1979). *Psycholinguistics*. London: Scott, Foresman and Company.

Snelling, D. (1992). *Strategies for simultaneous interpreting: From romance languages into English*. Udine: Campanotto Editore.

Spinollo, N., & Christopher, J.G. (2010). To kill or not to kill: Metaphors in simultaneous interpreting. *FORUM,* (1), 181-211.

Straniero Sergio, F. (1999). The interpreter on the talk show: Analyzing interaction and participation framework. *The Translator,* (2), 303-326.

Stubbs, Micheal. (1996). *Text and corpus analysis*. Oxford: Blackwell.

Takahiro, O., Tohyama, H., & Matsubara, S. (2008). Construction and analysis of word-level time-aligned simultaneous interpretation corpus. Retrieved September 18, 2010, from http://www.lrec-conf.org/proceedings/lrec2008/

Teubert, W. (2005). My version of corpus linguistics. *International Journal of Corpus Linguistics,* (1), 1-14.

Tognini Bonelli, E. (2001). *Corpus linguistics at work.* Amsterdam/ Philadelphia: John Benjamins.

Toury, G. (1995). *Descriptive translation studies and beyond.* Amsterdam/Philadelphia: John Benjamins.

Toyama, H., & Matsubara, S. (2005). The relationship between listener impressions and the length of pauses in simultaneous interpreting: An analysis of experimental data using the CIAIR simultaneous interpreting database. *Interpretation Studies*, (5), 137-155.

Toyama, H., Matsubara, S., Kawaguchi, N., & Inagaki, Y. (2006). CIAIR Simultaneous Interpretation Corpus. Retrieved May 17, 2006, from http://www.inaglab.com/cgi-bin/db.cgi/eurospeech2005_tohyama_final.pdf?page=DBDownload&did=169&rid=256&fid=12&ct=1&fileext=.pdf

Williams, S. (1995). Observation on anomalous stress in interpreting. *The Translator*, (1), 47-64.

Wu, G., & Wang, K. (2009). Consecutive interpretation: A discourse approach towards a revision of Gile's Effort Model. *Meta*, (3), 401-416.

Van Besien, F., & Meuleman, C. (2004). Dealing with speakers' errors and speakers' repairs in simultaneous interpretation. *The Translator*, (1), 59–81.

Van Besien, F., & Meuleman, C. (2007). Style differences among simultaneous interpreters: A pilot study. *The Translator*, (1), 135-155.

Vanderauwera, R. (1985). *Dutch novels translated into English: The transformation of a "Minority" literature.* Amsterdam: Rodopi.

Viezzi, M. (1999). Interpretazione simultanea: attività specifica per coppie di lingue?. *Settentrione*, (1), 133-159.

Zanettin, F. (1998). Bilingual comparable corpora and the training of translators. *Meta*, (4), 616-630.

Zanettin, F. (2000). Parallel corpora in translation studies: Issues in corpus design and analysis. In M. Olohan (Ed.), *Intercultural faultlines. Research models in translation studies I: Textual and cognitive aspects* (pp. 105-118). Manchester:St. Jerome.

Zorzi, D. (2001). The pedagogic use of spoken corpora: Learning discourse markers in Italian. In G. Aston (Ed.), *Learning with corpora* (pp. 85-107). Bologna: Clueb.

鲍刚. 1998. 口译理论概述[M]. 北京: 旅游教育出版社.

鲍刚. 2005. 口译理论概述[M]. 北京: 中国对外翻译出版公司.

北京大学计算语言所. 汉英双语语料库加工流程规范[OL]. [2007-11-12]. http://icl.pku.edu.cn/icl_groups/parallel/workspace.htm.

蔡小红. 2003. 论口译质量评估的信息单位[J]. 外国语(5): 75-80.

曹合建. 1997. 副语言与话语意义[J]. 外国语(5): 17-20.

曹进, 王灏. 2007. 基于计算机与网络技术的外语课程资源整合策略研究[J]. 外语电化教学(3): 53-57.

常宝宝, 詹卫东, 张华瑞. 2003. 面向汉英机器翻译的双语语料库的建设及其管理[J]. 计算机辅助术语研究(1): 28-31.

陈坚林. 2006. 大学英语教学新模式下计算机网络与外语课程的有机整合——对计算机辅助外语教学概念的生态学考察[J]. 外语电化教学(6): 3-10.

陈越. 2002. 建构主义与建构主义学习理论综述[EB/OL]. [2002-06-17]. www.being.org.cn /theory /constructivism.htm.

陈振东. 2008. 口译课程培养模式探索[J]. 中国翻译(4): 49-53.

陈振东, 李澜. 2009. 基于网络和语料库的口译教学策略探索[J]. 外语电化教学(1): 9-13.

达妮卡·塞莱丝科维奇. 1979. 孙慧双, 译. 口译技巧[M]. 北京: 北京出版社.

达尼卡·塞莱斯科维奇. 1990. 口译理论、实践与教学[M]. 北京: 旅游教育出版社.

戴炜栋, 徐海铭. 2007. 汉英交替传译过程中译员笔记特征实证研究

[J]. 外语教学与研究(2): 136–144.

戴朝晖. 2011. 中国大学生汉英口译非流利现象研究[J]. 上海翻译(1): 38–43.

冯建中. 2002. 实用英语口译教程[M]. 南京: 译林出版社.

冯志伟. 2004. 机器翻译研究[M]. 北京: 中国对外翻译出版公司.

傅玲芳, 杨坚定. 2007. 基于网络多媒体大学英语教学模式的自主学习能力研究[J]. 外语与外语教学(10): 36–38.

何安平. 2004. 语料库语言学与英语教学[M]. 北京: 外语教学与研究出版社.

何高大. 1997. 实用英汉汉英口译技巧[M]. 长沙: 中南工业大学出版社.

胡开宝. 2009. 基于语料库的莎剧《哈姆雷特》汉译文本中"把"字句应用及其动因研究[J]. 外语学刊(1): 111–115.

胡开宝. 2011. 语料库翻译学概论[M]. 上海: 上海交通大学出版社.

胡开宝, 陶庆. 2009. 汉英会议口译中语篇意义显化及其动因研究——一项基于平行语料库的研究[J]. 解放军外国语学院学报(4): 67–73.

胡开宝, 陶庆. 2010. 汉英会议口译语料库的创建与应用研究[J]. 中国翻译(5): 49–56.

胡开宝, 陶庆. 2012. 记者招待会汉英口译句法操作规范研究[J]. 外语教学与研究(5): 738–750.

胡开宝, 吴勇, 陶庆. 2007. 语料库与译学研究: 趋势与问题[J]. 外国语(5): 64–69.

胡开宝, 邹颂兵. 2009. 莎士比亚戏剧英汉平行语料库的创建与应用研究[J]. 外语研究(5): 64–71.

胡隆等. 2001. 计算机辅助外语教学: 多媒体和网络的应用[M]. 上海: 上海外语教育出版社.

胡显耀, 曾佳. 2011. 基于语料库的翻译共性研究新趋势[J]. 解放军外国语学院学报(1): 56–62.

黄昌宁, 李涓子. 2002. 语料库语言学[M]. 北京: 商务印书馆.

姜望琪. 2006. 汉语的"句子"与英语的sentence [C] // 杨自俭. 英汉

语比较与翻译(6). 上海: 上海外语教育出版社: 198-217.

蒋坚松. 2002. 英汉对比与汉译英[M]. 长沙: 湖南人民出版社.

蒋林, 金兵. 2007. 语料库翻译研究的代表性问题[J]. 中国科技翻译 (1): 28-30.

柯飞. 2005. 翻译中的隐和显[J]. 外语教学与研究(4): 306-310.

勒代雷. 2001. 刘和平, 译. 释意学派口笔译理论[M]. 北京: 中国对外翻译出版公司.

黎难秋. 2002. 中国口译史[M]. 青岛: 青岛出版社.

李德俊. 2007. 语料库的"代表性"问题及其对英汉翻译语料库建设的启示[J]. 外语研究(5): 66-69.

李婧, 李德超. 2010. 基于语料库的口译研究：回顾与展望[J]. 中国外语(5): 100-105.

李文中. 1999. 语料库、学习者语料库与外语教学[J]. 外语界(1): 51-55.

梁茂成. 2010. 理性主义、经验主义与语料库语言学[J]. 中国外语(4): 90-97.

梁茂成, 李文中, 许家金. 2010. 语料库应用教程[M]. 北京: 外语教学与研究出版社.

廖七一. 2000. 语料库与翻译研究[J]. 外语教学与研究(5): 380-384.

刘和平. 2001. 口译技巧——思维科学与口译推理教学法[M]. 北京: 中国对外翻译出版公司.

刘和平. 2002. 对口译教学统一纲要的理论思考[J]. 中国翻译(3): 56-58.

刘和平. 2005. 口译理论研究成果与趋势浅析[J]. 中国翻译(4): 71-74.

刘和平. 2006. 法国释意理论：质疑与探讨[J]. 中国翻译(4): 20-26.

刘和平. 2008. 口译培训的定位与专业建设[C] // 王恩冕. 进入21世纪的高质量口译——第六届全国口译大会暨国际研讨会论文集. 北京: 外语教学与研究出版社: 144-154.

刘和平, 鲍刚. 1994. 技能化口译教学法原则——兼论高校口译教学的问题[J]. 中国翻译(6): 20-22.

刘宓庆. 2003. 口笔译理论研究[M]. 北京: 中国对外翻译出版公司.

刘敏贤. 2007. 基于语料库的英语教材编写[J]. 西藏民族学院学报（哲学社会科学版）(4): 100-102.

刘润清. 1999. 外语教学中的科研方法[M]. 北京: 外语教学与研究出版社.

卢卫中, 夏云. 2010. 语料库文体学: 文学文体学研究的新途径[J]. 外国语(1): 47-53.

罗选民. 1992. 论翻译的转换单位[J]. 外语教学与研究(4): 32-37.

梅德明. 2003. 英语口译教程（下册）[M]. 北京: 高等教育出版社.

倪崇嘉, 刘文举, 徐波. 2009. 汉语大词汇量连续语音识别系统研究进展[J]. 中文信息学报(1): 112-128.

秦洪武, 王克非. 2007. 对应语料库在翻译教学中的应用: 理论依据和实施原则[J]. 中国翻译(5): 49-52.

秦晓晴. 2003. 外语教学研究中的定量数据分析[M]. 武汉: 华中科技大学出版社.

任绍曾. 2010. 信息单位与信息状态——试析语言信息的二分说与三分说[J]. 外语教学与研究(3): 190-197.

申小龙. 1993. 文化语言学[M]. 南昌: 江西教育出版社.

束定芳, 庄智象. 1996. 现代外语教学: 理论、实践与方法[M]. 上海: 上海外语教育出版社.

司显柱. 2001. 对近二十年来中国译学界对翻译单位命题研究的述评[J]. 外语学刊(1): 96-101.

陶红印. 2004. 口语研究的若干理论与实践问题[J]. 语言科学(1): 50-67.

陶友兰. 2008. 论翻译专业口译教材编写的理论依据[C] // 王恩冕. 进入21世纪的高质量口译——第六届全国口译大会暨国际研讨会论文集. 北京: 外语教学与研究出版社: 154-162.

陶友兰. 2010. 基于语料库的翻译专业口译教材建设[J]. 外语界(4): 2-8.

王斌华. 2006. 口译: 理论·技巧·实践[M]. 武汉: 武汉大学出版社.

王斌华, 叶亮. 2009. 面向教学的口译语料库建设: 理论与实践[J]. 外语界(2): 23-32.

王建华. 2012. 语块教学策略对提高学生会议口译准确性的实验研究[J]. 中国翻译(2): 47-51.

王建梅, 春雷. 2005. 对我国大学英语多媒体网络化教学的再思考[J]. 外语界(4): 13-18.

王金波, 王燕. 2006. 口译的特点与口译教材: 问题与前景[J]. 外语界(5): 41-47.

王克非. 2001. 语言与翻译研究并重的双语平行语料库[C] // 学术论文集（北京外国语大学科研处）. 北京: 外语教学与研究出版社: 50-58.

王克非. 2004a. 双语平行语料库在翻译教学上的用途 [J]. 外语电化教学(6): 27-32.

王克非. 2004b. 新型双语对应语料库的设计与构建 [J]. 中国翻译(6): 73-75.

王克非. 2012. 语料库翻译学探索[M]. 上海: 上海交通大学出版社.

王克非等. 2004. 双语对应语料库研制与应用[M]. 北京: 外语教学与研究出版社.

王克非, 胡显耀. 2008. 基于语料库的翻译汉语词汇特征研究[J]. 中国翻译(6): 16-17.

王克非, 黄立波. 2008. 语料库翻译学十五年[J]. 中国外语(6): 9-14.

王力. 1984. 中国语法理论[M]. 济南: 山东教育出版社.

王立非, 张岩. 2006. 基于语料库的大学生英语议论文中的语块使用模式研究[J]. 外语电化教学(6): 36-41.

卫乃兴. 2009. 语料库语言学的方法论及相关理念[J]. 外语研究(5): 36-41.

卫乃兴, 李文中, 濮建忠. 2007. COLSEC语料库的设计原则与标注方法[J]. 当代语言学(3): 235-246.

文秋芳, 王金铨. 2009. 中国大学生英汉汉英口笔译语料库[M]. 北京: 外语教学与研究出版社.

项国雄. 2005. 从传统教材到电子教材[J]. 信息技术教育(5): 8-10.

肖晓燕, 王继红. 2009. 手语翻译研究——模式、内容及问题[J]. 中国特殊教育(2): 29-35.

肖忠华. 2012. 英汉翻译中汉语译文语料库研究[M]. 上海: 上海交通大学出版社.

许家金. 2003. 语料库语言学的理论解析[J]. 外语教学(6): 6-9.

薛沛文. 2007. 基于小型语料库的会议口译中显化现象研究[D]. 上海交通大学硕士学位论文.

杨承淑. 2005. 口译教学研究：理论与实践[M]. 北京: 中国对外翻译出版公司.

杨承淑. 2010. 口译的信息处理过程研究[M]. 天津: 南开大学出版社.

杨承淑, 邓敏君. 2011. 老手与新手译员的口译决策过程[J]. 中国翻译(4): 54-59.

杨惠中. 2002. 语料库语言学导论[M]. 上海: 上海外语教育出版社.

杨平. 2004. 对当前中国翻译研究的思考[J]. 中国翻译(1): 3-5.

于连江. 2004. 基于语料库的翻译教学研究[J]. 外语电化教学(2): 40-44.

曾利沙. 2003. 论"翻译单位"研究的动态观[J]. 外语教学(1): 47-51.

张吉良. 2010. 国际口译界有关巴黎释意学派口译理论的争议及其意义[J]. 外语研究(1): 72-78.

张威. 2009a. 口译语料库的开发与建设：理论与实践的若干问题[J]. 中国翻译(3): 54-59.

张威. 2009b. 认知记忆在同声传译实践中的作用[J]. 北京第二外国语学院学报(2): 53-60.

张威. 2010. 同声传译的工作记忆机制研究[J]. 外国语, (2): 60–66.

张威. 2011. 口译认知研究：同声传译与工作记忆的关系[M]. 北京: 外语教学与研究出版社.

张威. 2012. 近十年来口译语料库研究现状及发展趋势[J]. 浙江大学学报（人文社会科学版）(2): 193–205.

张维为. 1994. 英汉同声传译[M]. 北京: 中国对外翻译出版公司.

张燕. 2008. 论媒体场合中的口译[J]. 外语电化教学(6): 46–51.

赵军峰. 2005. 论口译的翻译单位[J]. 中国科技翻译(2): 25–27.

赵铁军. 2000. 机器翻译原理[M]. 哈尔滨: 哈尔滨工业大学出版社.

甄凤超. 2005. 语料库数据驱动的外语学习：思想、方法和技术[J]. 外语界(4): 19–27.

仲伟合. 2006. 英语口译教程（上、下册）[M]. 北京: 高等教育出版社.

仲伟合, 王斌华. 2010a. 口译研究的"名"与"实"——口译研究的学科理论建构之一[J]. 中国翻译(5): 7–12.

仲伟合, 王斌华. 2010b. 口译研究方法论——口译研究的学科理论建构之二[J]. 中国翻译(6): 18–24.

庄智象. 2008. 我国翻译专业建设：问题与对策[M]. 上海: 上海外语教育出版社.

邹颂兵. 2009. 莎士比亚戏剧英汉平行语料库句级对齐研究[C] // 胡开宝. 跨学科视域下的当代译学研究. 北京: 外语教学与研究出版社: 155–158.

口译语料库网站及相关资源

http://www.europa.eu.int/comm/dg10/ebs

http://sslmitdev-online.sslmit.unibo.it/corpora/corpora.php

http://www.europarl.eu.int

http://garraf.epsevg.upc.es/freeling/

http://www.ims.uni-stuttgart.de/projekte/CorpusWorkbench/TreeTagger

http://www.ims.uni-stuttgart.de/projekte/corplex/TreeTagger/DecisionTreeTagger.html

http://publications.eu.int/code/en/en-000400.htm

http://www.rrz.uni-hamburg.de/exmaralda/de/dokumentation.html

http://www.ims.uni-stuttgart.de/ftp/pub/corpora/italian-tagset.txt

附录二

英汉术语对照表

alignment	对齐（关系）
base	词根
chunk	词块
collocation	搭配
collocation strength	搭配强度
comparable corpora	类比语料库/比较语料库
concordance（line）	索引（行）
concordancer	索引工具
consonant lengthening	辅音拖长
co-occurrence	共现
corpus balance	语料库的均衡性
disambiguation	词义消歧
encode	字符编码
factor analysis	因子分析
frequency	频率
full verb	实义动词

header	文本标头/头/头文件
HTML（Hypertext Markup Language）	超文本标记语言
KWIC（key-word-in-context）	语境关键词
learner corpus	学习者语料库
lemma	词目/原形词/词元
lemmatization	词形还原
lexical density	词汇密度
modal verb	情态动词
paralinguistic	副语言的
parallel corpora	平行语料库/对应语料库
parsing/treebanking/bracketing	句法分析
POS tagging/Part-of-Speech tagging	词性标注/词性赋码
positional attribute	定位属性
primary verb	基本动词
prosodic feature	语韵特征
segmentation	切分/分词
semantic prosody	语义韵
standardized type-token ratio	标准类符/形符比
stochastic tagger	随机标注工具
structural attribute	结构属性
tag	标注/赋码
tag assignment	配码
tagger	标注工具/赋码工具
tagset	赋码集

temporal feature	时间特征
token	形符
tokenization	分词
transcription	转写
treebank	树库
truncated word	发音不整词
truncation	单词缩略音/发音不整词
type	类符/词形
type-token ratio	类符/形符比
vowel lengthening	元音拖长
wildcard	通配符

POSTSCRIPT

应该说,语料库翻译研究是当前翻译研究领域的一个热点议题,也是未来翻译研究发展的一个战略方向。无论是翻译研究方法论上的革新,还是翻译研究本体论上的突破,还是翻译性质认识论上的升华,语料库视角或路向都值得我们持续关注。同时,现代计算机技术日新月异,语料库语言学的语料规模、统计方法也日益变革,而国际化、全球化趋势又影响着人们对语言接触、文化交融的理解。这一切既给语料库翻译研究带来了更大的机遇与发展空间,也构成了严峻的挑战。其主要表现是:随着人们对翻译现象认识的多元化趋势日益明显,翻译本质的界定、翻译效果的评价、翻译操作的规范等关键问题越来越具有主观性与动态性的特征,纯客观的描写或分析一定程度上越来越难以全面反映复杂的翻译现象,也难以充分解释人们对翻译现象的不同(甚至相反)认识;单维的定量分析越来越难以仅凭"数据科学"取信于众。因此,一方面以定量描述为起点,以数据统计为特色,另一方面以理性判断与定性思维为动力,将成为未来语料库翻译研究的"左膀右臂",相辅相生,缺一不可。

同理,虽然我们可以认定,语料库口译研究将是未来口译研究的一个重要范式,必将吸引越来越多的研究资源,产出越来越多具有普遍指导意义的研究成果,但应该清醒地认识到,目前语料库口译研究最主要的任务是规范语料收集与加工的程序与技术标准,同时增加语料库库容量,从统计技术与数据基础两方面保证口译语料库的代表性,同时务必强调理性思考与分析对认识口译现象、挖掘口译本质的重要意义,明确口译语料库建设与研究对口译实践与教学的应用价值,切忌迷信数据,以防迷失于数据。

鉴于此,此书的编写一方面希望向翻译学界同仁介绍基于语料库的口译研究模式,引发后续更广泛、更深入的探讨;另一方面(也更重要)也希望大家客观认识语料库口译研究,合理评价我们截至目前所做的努力与探索,既看到我们为创新研究方法、拓展研究视野所做的尝试,也明确在语料加工、研究设计、数据分析等环节中存在的缺陷。大家共同努力,协同向前,在语料库口译研究这块"小"天地里各显其能,由内及外,从下到上,让它不断壮大,不断成熟,从而成为口译研究乃至翻译研究王国里不可或缺的一块领地。

最后,本书的设计、编写从 2011 年开始,期间诸多因素掣肘,当然也有个人主观努力程度不够的因素,到 2013 年 6 月才正式完成。虽然编者希望尽可能反映国内外语料库口译研究的全貌,但无法囊括最新研究成果（如：《记者招待会汉英口译句法操作规范研究》（胡开宝、陶庆）、《汉英同传中词汇模式的语料库考察》（李德超、王克非））。因此本书应该是国内外语料库口译研究的一个阶段性总结，其材料收集、结构安排中诸多不当之处，全由编者负责，欢迎大家批评指正。

张　威

2013年7月